销讲成交策略

张振华◎著

中国纺织出版社有限公司
国家一级出版社
全国百佳图书出版单位

内 容 提 要

人人都会说话，但却未必人人都能把话说好。作为一项说话的技巧、一种演讲的艺术，销讲的最高境界是要把话说出去，把钱收回来。本书立足于销讲实际，多侧面、多角度、多层次地阐述了销讲心理、步骤、禁区、关键点、方法及难题，旨在帮助读者掌握销讲技巧，提升销讲水平，实现百分百成交。

图书在版编目（CIP）数据

销讲成交策略 / 张振华著. --北京：中国纺织出版社有限公司，2020. 1

ISBN 978-7-5180-6903-3

Ⅰ. ①销… Ⅱ. ①张… Ⅲ. ①销售—口才学 Ⅳ. ①F713.3 ②H019

中国版本图书馆CIP数据核字（2019）第236859号

策划编辑：顾文卓　　特约编辑：徐　洪
责任校对：韩雪丽　　责任印制：储志伟

中国纺织出版社有限公司出版发行
地址：北京市朝阳区百子湾东里 A407 号楼　邮政编码：100124
销售电话：010—67004422　传真：010—87155801
http：//www.c-textilep.com
中国纺织出版社天猫旗舰店
官方微博 http：//weibo.com/2119887771
天津千鹤文化传播有限公司印刷　各地新华书店经销
2020 年 1 月第 1 版第 1 次印刷
开本：710 × 1000　1/16　印张：13.5
字数：165 千字　定价：49.80 元

自序

奋战职场，商海沉浮，这些年，我为自己赢得了许多标签和头衔——唐美人公司联合创始人、原深圳北大红杉集团副总裁/商学院院长、“招商演说”课程体系创始人、原世界500强企业10年资深高管。然而，在众多头衔中，我最喜欢也最愿意接受的，还是演说家。因为，演说是我最热爱的事，也开启了我的创业之路，它是我创业的过程中始终给我活力和动力的源泉。

因为演说，我表达了更自信的自己；因为演说，我遇见了更完美的自己；因为演说，我把我对世界的认识和理解，以及我对人生的感悟和思考，传递给了更多的人，让更多的人看见了我、认识了我、也了解了我。

回望自己曾经走过的道路，我发现，演说不仅带给我成功和财富，也帮助我实现了人生价值。

毫不夸张地说，是演说成就了我，而我也同样用演说成就着别人。通常，只要我站上演讲台，就能迅速征服台下的听众，因为我总能用三言两语就使听众有醍醐灌顶、拨云见日之感。而每当我看到别人因为我的演讲而觉悟、改变时，我的内心都会充满欢欣。

正是出于对演讲的热爱并深知演讲的价值，我的内心萌生了开展销讲培训的想法，因为我希望有更多人能像我一样，通过演说去影响别人、帮助别人。我希望人人都能掌握销讲技能。

基于此，我开设了“招商演说”系列课程。很多人都说我的课程蕴含着巨大的能量，而我的销讲风格也独具魅力。

在我的学员中有各种成功人士，每次课程结束后，总有学员对我说：“张老师，我觉得收获特别大，谢谢你！”每次听到这样真诚的话语我都感到欣慰，觉得自己多年来的付出和努力没有白费。

事实上，曾几何时，我也是一个不善言谈、内向自卑的孩子，我从来没有想过，有一天自己会站在演讲台上，面向成千上万人演讲，更不会想到自己能影响成千上万的人。而我之所以能具备今天的演讲能力，都源于我不懈的学习和积累，可以说，我在演讲台上的每一次成功背后，都饱含着辛勤的汗水。

如今，我的付出和汗水得到了认可，我也下定决心要把销讲当成一生的事业，将自己的销讲智慧传播给更多的人，让更多的人都因销讲而获益，因销讲而改变。这也是我写作这本书的初衷。

很多学员在接触销讲之前都会问我：“张老师，什么是销讲？为什么要学销讲？”

其实，“销讲”这个词可以拆分开，销就是销售、售卖；讲，就是演讲。销讲就是为了达到销售目的演讲。这里的销售是广义的，买产品是销售，推销自己是销售，输出自己的观点、说服别人也是销售。

至于为什么要学销讲，我给出的答案是：“你是否想更好地推销自己呢？你是否想学会一对多批发式销售的方法呢？你是否想定制属于自己的成交系统呢？你是否想打造向市场众筹融资的销讲稿呢？如果你的答案是‘YES’的话，那你就需要学会销讲！”

通过这本书，你可以走进销讲、了解销讲，掌握销讲的基本方法。阅读这本书，你可以学到如何设计令人惊艳的开场白，如何设计自己的肢体动作、眼神和表情，如何找到属于自己的销讲风格，怎样克服紧张，怎样设计销讲内容，如何成功说服观众，如何顺利成交，以及如何树立自己的销讲信念等。只要掌握这些方法，你就能很快入门，找到成为销讲高手的路径。

当然，古诗有云：“纸上得来终觉浅，绝知此事要躬行。”纵然理论方法再精妙，如果不实际操作，不真正走上演讲台，就永远无法真正学会销讲。所以，我希望读者们在读过本书以后，能勇敢地走上演讲台，在销讲实践中收获和成长！

在此书出版之际，我时常想到我的老师侯阳明先生，他是个德高望重的好老师，一直激励着我不断进步。也谢谢我的家人这么多年对我的理解和关爱。此书得到了很多领导、朋友、同学、学员的关注和支持！在此感谢我原金融单位的领导和同仁们；感恩和我一起打拼过的公司同仁们；感谢上海君领天下文化传播公司、上海安馒网络科技公司、上海企安企业管理咨询公司、深圳北大红杉集团、深圳唐美人文化传播公司、深圳市超级云妈网络科技公司、深圳汇华智商业咨询公司、深圳雨花健康文化传播公司、深圳前海禧力邦生物科技公司、深圳名传照明科技公司、郑州领秀梦舒雅服饰公司、郑州聚梦网络科技公司、郑州锦德隆照明设备有限公司、北京译元文化传播公司、北京兆驰供应链管理公司、北京明德全人成长中心、明日之星教育集团、中国平安、新华人寿、天安人寿、华夏人寿、泛华保险服务集团、大童保险经纪、生命人寿、阳光人寿、康婷公司、泰易书院、道易学院、龙道国际集团、杰克韦尔奇（中国)、施华洛世奇（中国)、爱尚婚纱摄影、中信保诚人寿、新华小记者（北京）教育科技公司、橡尚形象管理、中影嘉宏（北京）艺术培训公司、北京盛世卓杰文化传媒有限公司对本书的大力支持！特别是出书期间一路陪我走过来的全人智慧P1团队的同学和教练们给我满满的爱和感动。

特别感谢为本书提供真实素材和案例的朋友们，陈秀莲、何亚涵、韩依霖、李岱妮、赵艳丽、程文欣、庄雅佩、郭奕、付达伟、陶芳芳、陶圆圆、彭小清、何希桐、陈海塘、龚伟萍、王莲池、谢兰芝、刘婷、陈嘉莉、郭佑福、赵继颖、黄家红、艾利塔、肖国科、钟磊、陈瑛、涂晶晶、张波、许木杰、巫赵忠、赵勤、杨小倩、文宝、陈广有、谢志鹏、吴小丽、刘青雨、陈永华、詹温馨、梁白露、陈思羽、陶明静、周贤惠、袁文立、王芹、王大群、吴雨桐、单洪丽、沈中亮、杨慧、刘琪……

青春美好，不负韶华！还有很多一直以来都在默默关心支持我的朋友们，就不再一一列举了。感恩！感谢！

2019 年 11 月于深圳

目 录

Part 3
名头弄个响的，给自己一个有特色的标签

Part 4
销讲如戏，既要入戏，还要靠实力

Part 5
做幽默达人，拒绝那些干巴巴的东西

Part 6
技巧只是锦上添花的手段，核心是演讲内容

Part 7
赢得人心，再难缠的听众也能顺利说服

Part 8
不以成交为目的的销讲，都是自嗨

Part 9
人人销讲的时代已经到来，你准备好了吗

Part 1

做动作塑造大师，把开场设计得精妙绝伦

良好的开始是成功的一半。每一场精彩的销讲都必须有一个精妙绝伦的开场白。对于一场销讲来说，开场白起着非常重要的引导作用，好的开场白可以帮助销讲者赢得听众的信任，并且产生先声夺人的效果。

1.1 开场白开不好，等于白开场

有一个好的开场白，销讲就成功了一半。经验丰富的销讲者常常会精心准备和计划自己的开场白。在开始销讲之前，销讲者首先要考虑一下影响现场的情况，不能完全依靠临场发挥。如果想要取得好的效果，就必须事前有所准备，只有这样才能在销讲的时候做到随机应变，信手拈来。

一个好的开场白，不仅能清晰地告诉听众演讲已经开始，请大家注意，还可以成功地吸引听众的注意。开场第一句，一定要令听众有耳目一新的感觉，千万不要说试探性或者道歉的语句，这样只会令自己露怯，比如："这个麦克风能用吗？"或者"让我想想，从哪里开始说起。"类似的开场白一定会为销讲减分。

其实，有很多方法都可以吸引听众们的注意力，比如说一些标新立异的方法、制造悬念的方法，甚至幽默的方法，都是比较有效的。把这些方法融入开场白之中，往往会取得出乎意料的效果。

我们可以用回忆往事、用幽默故事来巧妙地引入主题，也可以语出惊人，提出一个令人深思的问题。准备开场白时，我们应该尽量发挥自己的想象力，就算开场白太过戏剧化也不要紧，只要不是过于虚假就可以。

但是，无论什么样的开场白都得服务于销讲的主题，千万不要故弄玄虚，也不要离题万里。开场白还应该注意符合销讲者本人的个性和现场的氛围，生搬硬套的开场白只会让听众感到突兀和尴尬。

我们都有过这样的经验，别人用得得心应手的方法，用在自己身上可能会比较不自然，这是因为别人的方法不一定适合我们自己，不考虑自身情况，一味套用别人的方法，不仅我们自己会感觉不舒服，连听众也会觉得不自在。

一般来说，幽默搞笑轻松的开场白是最常见的，它既能够导入话题，也能够营造气氛。故事类的开场白可以迅速抓住听众的耳朵，开门见山的开场白可以让听众迅速了解销讲的主题。无论哪种开场白，都要完成两个任务：第一个任务是建立听者和说者的同感；第二个任务是要打开场面气氛，引入正题。如果你的销讲开场白不能够很好地完成这两个任务，那就等于白开场了。

销讲开场方式不外乎三种：引起好奇、调动情绪和开门见山。

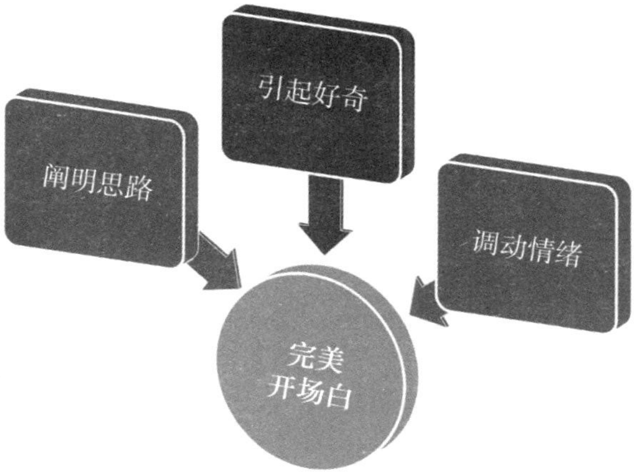

图1-1　销讲开场的三种方式

一、引起听众的好奇心

一场销讲的成功与否取决于开场白够不够吸引人，能不能引起听众们的好奇心。在销讲的时候，勾起听众们的好奇心的方式要根据自己的内容、场景和轻重的不同而有所改变。一般情况下可以用经历、幽默、事例等方式来达到这个目的。

曾经有一个学生就用这样一句话作为开场白，他说："曾经有一位先生在开会的时候提议通过一条法律，禁止任何一个学校里的蝌蚪变成青蛙，免得打扰学生们念书。"

听众听了这番话一定会哈哈大笑，同时也会产生好奇，他们会想："真的会有这回事吗？"并且会非常认真地听下去，因为他们期待着销讲者能揭开谜底。

每一个想成为销讲高手的人，都应该学习如何用开场白来勾起听众的好奇心。

二、把观众情绪调动起来

一个好的开场白，必须能够调动起听众的情绪。因为，很多听众在走进销讲现场的时候都会抱着一种旁观者的态度，无论销讲者讲了什么，他们都会认为"与我无关"。这种消极的态度会让销讲者大受打击。

节目主持人蔡康永是演讲艺术的高手，在一次演讲中，他想讲一段关于著名画家常玉的生平。他原本打算从常玉艰苦的求学历程讲到他最终取得的辉煌成就。可是，当蔡康永讲给朋友试听的时候，这位朋友没听几句就问："常玉是谁？"此时，蔡康永才想到，虽然常玉在业内有很大的名气，但是在普通人那里却没有什么知名度。对于一个自己不熟悉的人，听众肯定不会有兴趣听他的生平。

所以，在正式演讲的时候，蔡康永拿出了一本常玉的传记，说："我手上这本书，大概只比鼠标垫大一点点，但这么小的面积，如果上面画的是常玉的油画，那么，它现在的市场价格大概是人民币五万多元。”如此一来，听众的兴趣就一下子被调动了起来，当蔡康永在讲常玉的生平时候，听众们也听得兴致盎然。

台下的听众可能不是艺术爱好者，并不了解画家常玉，也对他的生平不感兴趣。但是他们一定会对“小小一幅画，却能卖出几百万的高价”这件事感兴趣。

蔡康永很聪明地在演讲的开头就放置了一个爆点，这样极易引起听众们的兴趣。所谓的爆点就是在销讲过程中能够激发群众兴趣的地方，如果在一个篇章开头的时候，你就设置几个爆点，一定会收到出乎意料的效果。

三、阐明思路要开门见山

开门见山式的开场白很有可能会让听众觉得有些突兀，但是这种开场方式有一大好处，那就是开宗明义，能够让听众一开始就知道你想讲什么。如果听众有这方面的需求，他们就会继续听你讲下去。而且，用这种方式也能够帮你将销讲思路理顺，为后面的销讲打下基础。开门见山地阐明主题，对一些刚入行的销讲师很有帮助，能够更好地理顺自己的销讲思路，防止跑题。开门见山式的开场白一般包含以下几点内容：

①为听众提供背景知识

如果听众对于销讲主题并不了解或者了解得很少，那么销讲者就有必要讲述一些关于主题的背景知识，这样不仅能帮助听众理解销讲的内容，也能够突出销讲的主题。

②阐明销讲的主题

主题是销讲的灵魂，它框定了销讲内容和组织结构，制约了材料和案例的取舍，影响了论证的方式，决定了销讲的思想性。如果没有一个明确的主题，销讲就像没有灵魂的躯壳，就算讲得再好，也会让人觉得不知所云。

③阐明整个销讲的结构

有时候，我们还要给听众说一说销讲结构，帮助听众在大脑里建立一个框架。当听众对销讲的结构有了大致的了解以后，他们在听的时候会更有针对性，也会更有耐心。向听众阐明销讲结构还有一个好处，那就是提前打消疑虑，当听众明确了主题和框架以后，就能有效避免断章取义和先入为主。

④简要描述销讲的目的

在通常情况下，在一开始销讲就要讲清楚销讲的目的，如果不能够做到这一点，听众就有可能会曲解我们的意思，怀疑我们的动机。

上面所描述的几种方法都是销讲开场白的一些相关技巧和基本思路，掌握了上述的技巧，能够帮助你在销讲一开始时就抓住听众的注意力。

1.2 最吸人眼球的开场就是与听众积极互动

在这个经济快速发展的时代，销讲越来越常见，越来越受到重视，也是最能感染人的一种渠道。但要是销讲的水平不够，你怎么影响别人呢?

一场成功的销讲，能够调动听众的积极性，迅速拉近你和听众的距离；一场成功的销讲，能够活跃现场气氛，让听众随着你的思维思考。

在销讲过程中，只要注意把握技巧，就能够轻易达到销讲目标，取得意料之中的效果，其中最重要的技巧就是互动。

常言道，失败是成功之母。用在销讲当中，这句话就可以改作“互动乃销讲之父”，有效的互动能够在每个听众心里激起涟漪。还有人说，销讲的本质就是销讲者与听众积极互动。

无论怎样，销讲者在准备销讲前都要精心设计销讲的结构、互动的时间和方式。那么，都有哪些好的互动方式呢？

一、语言类技巧

充分利用语言的魅力吸引听众注意力。

图1-2 语言类销讲互动技巧

①用半截话引导听众

根据字面意思理解，就是指销讲者说一句话的前半部分，让听众来接后面的话。这是一个非常灵活的小技巧，在这样的互动中，你和听众的距离很快就会拉近。很多销讲者都会运用这种技巧，比如：

销讲者："学而时习之，……"

听众："不亦说乎。"

销讲者："这个道理，就像和尚头上的虱子……"

听众："明摆着！"

销讲者："天下大势，分久必合……"

听众："合久必分！"

销讲者与听众一唱一和，能够带来极大的满足感，比较常见的是引用名人名言或者俗语、歇后语。要引用的内容必须是比较简单的大众都听过的内容。语速要放慢一点，尽可能让听众有反应和思考的时间，把最后一个字语气拉长一点。

②通过提问的方式互动

苏格拉底在讲学和辩论时经常会采用一种方法："精神助产术"。即用问题引导对方回答，让对方一步步说出我们希望他说的话。销讲者也可以借鉴，在销讲时装作不懂，向听众请教问题，提问的具体内容可以参考以下示例。

销讲者："年轻人，是不是要多谈恋爱？"

听众："是！"

销讲者："年轻人，恋爱之余，是不是要注重自我提升和成长？"

听众："是！"

销讲者："个人成长首先要找准方向，是不是？"

听众："是！"

以上这些问题都是封闭性问题，听众只需要回答"是"或者"不是"，"对"或者"不对"。还有一类问题可以使现场气氛更活跃。

"高考努力过后，面对安逸舒适的大学生活，大学生应该如何规划学习和生活？有没有人愿意分享一下？"

像这样的问题是一个开放式问题，不同的人就有不同的答案。为了活跃气氛，你可以问一个这样的开放式问题，但是要想深度影响听众，就必须进行连续的封闭式提问。

销讲过程中的不同时间段提问也会收到不同的回应。一般来说，在开场提问能够凝聚气场；在中场提问能够引发听众多角度的思考；在快结束时提问能够起到点明主题、总结回顾的作用。

罗振宇在2017年的跨年演讲中，一开场就提出了这个问题：“2017年的哪一天哪一个时刻，你认为很重要？”这个问题一下子就把现场的一万名观众和电视机前观众的精神集中到了一起，人们开始反思自己在即将过去一年中的重要时刻。

要想成为一个优秀的销讲者，必须尽可能多地抛出问题，哪怕是明知故问。对于听众来说，提问很重要。

③用故事启发听众

销讲开始前，可以用一个有代表性的短小精悍的故事引出销讲主题，注意引用的故事要与销讲主题相切合。这是一个非常好的吸引听众注意力的互动技巧，可以逐渐把听众引导进一个预先设置好的场景里，听众会很好奇事情究竟是如何发展下去的，因此就会认真仔细地听下去。

二、活动类技巧

用活动来提高与听众的互动频率。这是很多销讲培训的常见招式。

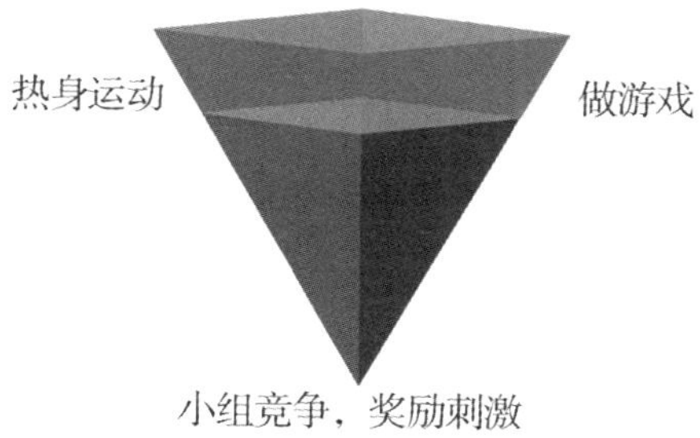

图1-3　活动类销讲互动技巧

①小组竞争、奖励刺激

分享一个重要的互动技巧，这个技巧适用于所有情况。竞争能够激发活跃度，激励能够带来动力，将这两者结合，是最好的互动方式。

竞争可以采取小组PK赛的形式。把听众分成两个小组，让两组来竞争，游戏、互动、活跃度、问答等都可以作为竞争的内容。激励可以是物质激励，也可以是精神激励。有的销讲者会把一些书籍、小奖品作为激励，还有的销讲者会直接发奖金。当听众回答问题时，现场所有人也会用掌声对他进行激励。

销讲中的激励实质上是让听众获得一种精神上的满足感和愉悦感，所以要注重精神激励。

②热身运动

热身运动实际上是一种缓解气氛的方式。比方说，在销讲开始之前，销讲者先组织大家一起站起来做一个简单的动作，或者请观众上台跳舞、唱歌等。要注意把握热身运动的时间不要太长，不能占去大部分销讲时间。

③做游戏

与热身运动相比，做游戏更加强调趣味性。在销讲现场，如果能做与销讲主题相关的游戏，那最好不过了。但是游戏类互动有一点很难把控，那就是游戏的度，如果发展到失控的局面，就会很难收场。

三、借助道具类

用一些实物来验证自己的销讲内容，这是让听众注意力集中的最好办法。实实在在的东西，能够给听众带来视觉上的真实感，也容易实现比较好的效果。有过经验的销讲者都知道，没有道具的销讲苍白无力。

美国苹果公司联合创办人乔布斯的一场发布会，有个细节令人难忘。2002年，Mac OS X操作系统刚刚上市，为了它的推广，终结上一代系统Mac OS 9，乔布斯创造了一个独特的方式。他到底是怎么做的呢？乔布斯找了一具棺材，在悲伤的音乐中，乔布斯从棺材中拿起一套Mac OS 9的系统。这个令人震撼的道具准确传达了乔布斯的想法：他要埋葬Mac OS 9系统。

销讲互动的方法各式各样，我们要充分发挥自己的想象力，创造出别具一格的互动形式，来俘获听众的心。

1.3 掌握7种开场技巧，让你的销讲惊艳全场

有句话说得好，良好的开始是成功的一半，所以对于销讲来说，一个好的开场白非常重要。然而，想用几句话的开场白就抓住听众们的心并不容易。如果在开场时不能获得听众们的好感，也就无法吸引听众，那么即使后面的销讲再精彩，最终效果也会大打折扣。因此，有经验的销讲者往往能够创造出有趣又独特的开场白，以此来吸引观众、控制现场气氛，为接下来的销讲做好铺垫。

在这一节中，笔者结合自己以往的销讲经验介绍 7 种销讲技巧，希望能对大家有所帮助。

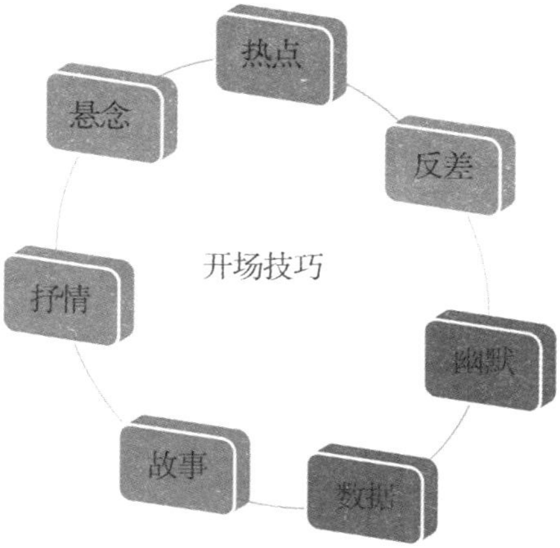

图1-4　7种开场技巧

一、抒情式开场

抒情式开场白的方式，目的在于用情感打动人、渲染气氛，让观众们沉浸在销讲之中，注意聆听销讲内容。这种开头经常采用比喻、拟人、排比等多种修辞手法，多采用散文诗式的语言，或者干脆直接引用诗句，以达到优美感人、引人入胜的效果。

但需要注意的是，运用散文诗式的语言进行抒情式开场，一定要饱含真挚的感情，千万不可矫柔造作、无病呻吟，虚假的抒情会让人大倒胃口。

二、故事式开场

如果我们能够形象生动地讲述一个故事，自然可以引起听众的关注，但讲故事要遵循以下几个原则：短小精悍、令人深思、与销讲内容相关。

新东方创始人俞敏洪是一个很会讲故事的销讲大师，他曾经说过："我觉得人类最重要的能力，其实就是编一个你认为确实能够实现的并且有益于所有人的故事，同时带着大家一起去实现。我觉得这是人类最好的一个结局。"

所以，俞敏洪的每一次销讲中都是故事一大把。阿里巴巴集团创始人马云的演讲中也不乏故事和金句。

讲到这里，你可能会说，故事那么多，我们应该选择什么样的故事作为开场呢？

首先要注意的是，故事要具有典型性，典型的故事不仅能够将销讲者的观点、思想、情感巧妙地融入故事之中，还可以让听众进入一种共鸣或者忘我的境界，让他们更容易接受销讲的主题。

三、用数据说话

数据可以让你销讲的说服力更上一层楼，也可以让听众们在数据中直接感受到销讲主题的力量。数据是有魔力的，它们能够让听众很快地进入你的销讲环境，而且数据能够很直观地说明现象，能让听众迅速理解和接受。

四、幽默式开场

在日常生活中，我们都喜欢和有趣的人打交道，因为和他们在一起时我们会感到非常快乐。幽默的人能够感染周围的气氛，让别人也感到轻松快乐。同理，幽默的开场白也能够瞬间引爆销讲现场的气氛。

在1862年，美国的著名律师约翰·罗克勤进行了一场主题为解放黑人奴隶的演讲，而台下的听众几乎都是白种人。罗克勤一上台，就用一个幽默的开场白化解了现场严肃紧张的气氛，他是这么说的："女士们，先生们：我来到这里，与其说是演说，倒不如说是给这一场合增添一点点'颜色'……"听到此话，台下的听众哈哈大笑，罗克勤的演讲就在这种轻松的氛围中展开了。

值得注意的是，幽默式的开场白一定是积极向上的、品味高雅的，最好不要开低级粗俗的玩笑，否则不仅会影响销讲主题，同时也会影响销讲者在听众面前的形象。

五、制造反差，一语惊人

如果，我们能在开场"语出惊人"，用听众意想不到的方式引出主题，就会达到出其不意的效果。

在一次毕业生欢送会上，校长给同学们致辞，他说："本来我想祝大家今后一帆风顺，但是我觉得这样的说法不太合适。"听了这句话，大家都感到非常疑惑不解。此时，校长接着说："祝福某人一帆风顺，就像祝福某人长生不死，是一句空洞的谎言。这样的谎言对于大家今后的人生没有一点帮助，以后，你们必定会遇到各种各样的挑战，比如……"

致辞的最后，校长说："充满波折和不顺利的人生才是真实的人生，迎难而上、不畏艰险、奋力拼搏的人生才是最美好的人生！祝大家在未来坎坷的征程中，能迈出最坚实、最有力的步伐，用拼搏和汗水创造出更加美好的未来。”

这位校长的开场白可以说是“一鸣惊人”，他不祝福同学们“一帆风顺”，而从另一个角度来讲述人生道理，最后的效果也非常震撼人心。

要想“语出惊人”，必须掌握好分寸，不要为了追求新奇故意说一些哗众取宠或耸人听闻的话，这样的做法会让听众十分反感。所以，运用“语出惊人”式开场白时，要结合听众心理和销讲主旨，在合情合理的基础上做到出奇制胜。

六、热点话题开场

所谓的热点话题，就是在一段时间内，通过公众平台进行发布和传播的，人们高度关注和热烈讨论的话题。

一般来说，热门话题汇聚了时下的热点，可以引发多种不同的观点，销讲者可以利用观点来做文章，顺势引出自己的主题。而且，用热门话题作为开场白，可以体现销讲者对现实生活的关注，也可以引发听众的思考。

七、制造悬念

好奇是每个人的天性，人一旦产生好奇心，就想把事情弄个明白。我们可以利用听众的好奇心，在开场设置悬念，吸引听众认真听下去。这样一来，销讲者就能够顺利引出主题并掌控局面了。

不过，制造悬念的方法虽然好，但不宜过度使用，也不能“管杀不管埋”，我们既然勾起了听众的好奇心，就应该满足他们的好奇心。设置悬念时，要做到前后呼应、自圆其说，千万不要故弄玄虚。我们在开场设置悬念时，应该注意以下两点：

第一点，设置的悬念不能过于老套，大家都知道的悬念就不能称为悬念了。

第二点，设置悬念后，应该在恰当的时机解开悬念，悬念持续的时间不应该太长，也不应该太短。悬念设置时间过长则有“卖关子”之嫌，会引起听众反感，悬念设置时间过短则达不到应有的效果。

以上所讲的七种开场白技巧只是最常用的几种，无论运用哪种方式开场，最重要的是必须紧扣销讲主题。开场白最为忌讳的就是自说自话，如果你的开场白没能打动听众，那么，你的销讲注定只能是一场独角戏。

1.4 一开场就赢得听众的信任

销讲者在一开场时就应该取得听众的信任。想要赢得听众的信任，需要在销讲的方式和销讲的内容上花费很大的心思。除此之外还有一个独立的要素不容小觑，否则你前期的准备可能会功亏一篑。你一定会感到好奇是什么要素能够起到这么大的作用呢？那就是个人魅力。听众在第一眼看到销讲者时就会对销讲者的魅力进行一个总体打分，即第一印象。如果在听众眼中你的总体素质不错，那么当你开口讲话时，听众会去选择相信而不是怀疑。

不断有学者在长达几个世纪的时间里仔细研究可信度这个问题，从过去关于气质的讨论到今天关于形象、魅力等的探索，都是他们的研究范围。为什么同样的信息从不同的销讲者口中说出会得到不同的反馈，拥有不同的可信度？

古希腊圣贤亚里士多德认为：“听众更愿意去相信某位态度诚恳、明达事理、刚正不阿的演讲者。”在现代，一些社会科学家曾尝试去寻找那些具有说服力的销讲家所具有的特征，经过对比研究，他们得出结论，具有说服力的销讲家所具有的特征是：有个性、有威严、充满活力、开朗、可靠、擅长社交、平静以及有智慧。

销讲者在平时要注重这类素质的积累，有意识地去训练，从而提高销讲的可信度，以便达到销讲的目的。要高度重视第一印象的作用，在销讲之前先给听众树立一个良好的形象或者较高的声誉，在销讲过程中逐渐获得听众的信任。如果销讲者想要建立可以信任的形象并赢得听众的信任，需要从以下几个方面做起。

图1-5 赢得听众信任的方法

一、客观评价自己的形象

如果销讲者能够确保自己的形象是和蔼可亲的，就会更加富有魅力，但偶尔也会出现让销讲者难以处理的难题。

有的销讲者完全掌握了取得听众信任的技巧，但在实际操作中难免会显得呆板，给人留下刻板不随和的印象。销讲者最理想的状态就是不管销讲对象是哪类人群，销讲主题是哪种类型，都能够表现得从容不迫，体贴和蔼，怀有极大的热情。对于大部分人来说，可能难以达到这一状态。

在提高自己的可信度之前，销讲者要对自己有一个精准的定位。从实际出发，评价自己的可信度是高还是低。你表现出来的个性特征能否被人们接受和欣赏，或者虽然对你的个性特征不满，但还是愿意接受你的观点。在构成可信度的要素中，你有哪一点是特别占有优势的？还有哪些地方做得比较欠缺？评估自己在别人眼中的形象操作起来比较困难，如果可以，最好是请几位熟悉你的朋友对你进行一个客观的评价。

下面有几个问题测评题，你可以尝试用它来评价自己：

A. 听众是否了解你？在听众眼中你是不是一个具有能力的销讲者？

B. 你有没有经受过专业的教育或培训？你是否称得上是某一类领域的专家？听众是否了解你的这些情况？

C. 你有没有提前为销讲的内容搜集大量信息，查阅相关资料？你是否认真准备销讲？你是否恰当地表达了想要表达的内容？

D. 你是否应用了销讲的技巧？你的销讲有没有特色？听众是否能够感受到你的真诚？

E. 销讲时你是否把听众的需求和关切放在第一位？

F. 销讲的全程你是否表现得大方得体、平易近人、积极乐观？是否及时响应听众的反馈？

G. 听众是否愿意相信你的话？听众是否觉得你是一个正直诚信的人？

H. 你是否能够准确地认识到自己在资料和观点方面存在的不足和缺点，并且夸赞自己的对手？

I. 你是否在销讲的全程中情绪饱满、充满自信？

二、建立销讲前的可信度

①向听众提供自己有效的资历信息

如果有听众向你问起你以前的荣誉事迹，不要太过于谦虚。给他们发一份提前准备好的简历，罗列出你取得的成就和你的背景。当然，可以在销讲内容中适当添加照片、文章、书籍或者其他能够证明自己的内容。

②告诉主持人自己的真实情况

除了书面材料的展示，还要注意回答主持人对你的提问，如果有必要，可以亲自会见他们。如果你想在主持人介绍你时能够重点突出某项内容，一定要表达清楚。

③留意销讲前自己在听众中的形象

在熟悉的人面前，你一定知道自己在他们心目中的形象是什么。在日常交往中，你是不是一个有趣、爱争论、聪明、有才华、幽默、活泼的人？他们对你的印象会影响他们对你销讲的评价。有时候，先入为主的观念会影响那些熟悉你的听众，导致他们无法做出客观评价。

而这种情况不会出现在陌生的听众前，你是第一次和这些听众面对面交流，所以听众对你的评价的可信度会比较高，你的一言一行都会成为他们评价你的理由。

三、求同存异，尊重听众

很多时候，听众可能会质疑你销讲的动机，或者他们拥有着和你完全相反的观点。在这种情况下，要想改变听众的观点或态度，使得销讲达到预期目标，就需要提高听众对你的销讲的信任程度。

那么，在观点有分歧的情况下，我们应如何获取听众的信任呢？笔者认为“求同存异，尊重听众”是一条最重要的原则。基于这个原则，有以下几点建议：

第一，承认分歧，强调共同目标，保持大方向一致。

第二，对偏见和恶意攻击行为要果断加以反驳，不要让这部分人影响其他听众。

第三，把听众的利益放在首位，强调销讲的动机是维护听众的利益。

第四，唤起听众心中的大爱和公共意识，让他们站在更高的高度去倾听。

为什么有些销讲高手具有“蛊惑人心”的魔力呢？那是因为他们一开口就赢得了听众的信任，无论他们说什么，听众都会买账。所以，销讲新人应该着重构建自身可信赖的形象，把话说到听众的心坎里，让听众全心全意地信任你。

1.5 避免这九种“自掘坟墓”式开场白

我们先来看一段演讲的开场白：

亲爱的女士们、先生们：

今天，我匆匆站上讲台，并没有做什么准备。在专业知识方面，我也不能与台下的各位相比。但是，我愿意竭尽所能为大家总结一些企业人事管理的方法，可能在座的朋友们对此早有研究，希望大家多提宝贵意见。

这段开场白出自一位管理学博士的专题报告。看了他的开场白，大家以为如何呢？

这段开场白可以说十分糟糕，过度的自谦让听众觉得这位博士不自信，而且有“找借口”之嫌，显得对听众和演讲不太尊重。同时，这段开场白的废话太多，听众会觉得无聊和无趣。在笔者看来，这就是一段“自掘坟墓”式的开场白。

一段好的开场白，可以帮助销讲者建立自信，可以唤起听众的好奇心，可以增加听众的参与感，从而让销讲者和听众产生良好的互动。失败的开场白就像晚宴中劣质的开胃菜，让客人倒尽胃口，就算后面的主菜再美味，客人也无心品尝了。

千万别让“自掘坟墓”式的开场白毁了你的销讲，以下几种典型的“自掘坟墓”式开场白是我们应该避免的。

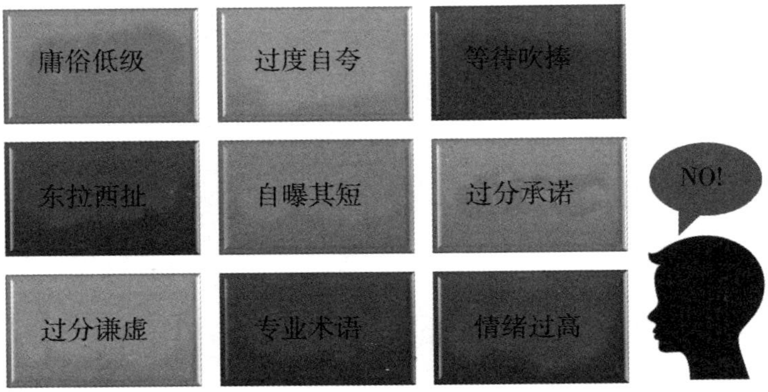

图1-6 九种“自掘坟墓”式开场白

一、庸俗、低级的开头

有的销讲者一上台就开始讲荤段子，美其名曰是为了活跃气氛，用一些低级的玩笑哗众取宠。殊不知一个人的语言，就代表了他的外在形象，如果你说的都是庸俗低级的语言，那么在听众心目中你也是一个品位低俗的人。

二、自夸式开场白

赞美夸奖的话语，一定要从别人的嘴巴里说出来，如果自己吹捧自己，就很容易给别人一种狂妄自大的印象。如果你的自夸言过其实，就更容易给大家留下不靠谱的印象。负面印象一旦产生，接来的销讲内容听众也不会有太多的兴趣去听了。

三、等人吹捧式开头

有些人在销讲时，很喜欢别人吹捧自己。如果没人吹捧，就觉得浑身不自在，于是在虚荣心的驱使下，他们总是不停地要求听众给自己鼓掌，引导别人赞美自己。可是，这样的行为实在让人反感。

四、东拉西扯，“找不到北”式开头

如果销讲一开场就东拉西扯，讲一些跟主题无关的事情，也很容易引起听众的反感。所以在销讲的过程中，我们一定要注意，不能偏离主题。

话题放得太开，却收不回去，最后只能在尴尬中草草收场，销讲的目的当然也就达不到了。

五、自曝其短式开场白

有些人在开场时会习惯性地说：“我现在十分紧张”“我没有准备”等，这样的开场白就是自曝其短，不仅不能消除自己的紧张，反而提醒了听众，让他们对你的言行更加挑剔。一旦这么说了，即使你接下来的表现再好，听众也能挑出毛病来。

六、过分承诺式开场白

我们是不是经常会听到这样的开场白：“想不想在接下来的一个小时中学到最顶尖的销售技巧？”“想不想在两小时内掌握成功的秘诀？”“想不想知道怎么赚 100 万？”上面讲的事情谁都想，但问题是你在两个小时的销讲之中真的能做到吗？在本人看来，不切实际的承诺就是忽悠，会让听众十分反感。

七、过分谦虚的开场白

孔子曾经说过：“过犹不及。”自吹自擂、夸夸其谈固然让人厌烦，可是没完没了的自谦也容易招致反感，本节开头的那位管理学博士的演讲开场白的例子就很好地说明了问题。

八、用专业术语开头

如果销讲者一上台，说的全是专业术语，非专业听众会听得摸不着头脑。就算你是销讲大师，但你说的话听众不能理解，也一样无法让听众产生共鸣。

九、情绪过于高涨的开头

可能你在一开始就想烘托气氛，跟听众打成一片，有一个较好的开局。但是如果在一开场就把情绪带到最高点，那么在接下来的销讲部分就会“走下坡路”，情绪越来越低沉。成功的销讲应该是气氛越来越热烈，情绪越来越高涨的，我们应该克制情绪，把力气留到后面。

一个成功的开头对销讲来说非常重要，它是销讲成功的基石！前面几节和大家分享了一些好的开场方法，大家可以在实践中多加以运用。好的开头，可以先声夺人，能够让听众以最快的速度融入销讲情境中，并随着销讲者的思维和语言起舞！

Part 2 销讲也需颜值，做到眉目传情和举止有范儿

一个优秀的销讲者应该做到“有范儿”，要有传情的眼神、得体的举止、动听的声音、整洁的仪表和有亲和力的表情。只有这样才能为听众留下美好的印象，让他们愿意一直听下去。因此，销讲者一定要做好“表面功夫”，为自己的销讲锦上添花。

2.1有一种销讲，叫“马云范儿”

我们都知道马云是阿里巴巴集团的创始人，只要提到他，所有人都会想到他是一位成功的企业家，其实他还有一个很重要的身份，就是一位特别能说会道的销讲大师。可以毫不夸张地说，马云之所以会有今天的成功，离不开他“蛊惑人心”的演说能力。

在2011年杭州第八届网商大会上，马云针对“忽悠”二字进行了一段精彩的演说。他是这样说的：“说我善于忽悠，我自己承认，12年前我忽悠了18个人，我记得我还忽悠了王中军、华谊兄弟，他们先忽悠我，要我投资他们；我把他们忽悠成有理想成为中国最大的电影公司。我看到这些忽悠的结果和成果，今生已经很满足了，所以我还会一直忽悠下去。”一段风趣又给人留下深刻印象的销讲词，体现了马云高超的销讲技巧。

马云的超级演说能力和感染力，迅速吸引了大批粉丝的关注，他的销讲书更是畅销全国各大书店，甚至有的书籍还畅销海外，几乎只要是跟马云有关的书籍，销量都很好，不仅在线下关注度高，线上更是销量火爆。

除了畅销书籍外，上网随便搜一搜，关于马云的销讲视频更是数不胜数，仅“拼爹拼娘不如拼互联网＋选择”这一个销讲视频，点击量超过700万次。马云的销讲视频吸引了大批粉丝的关注和崇拜，大家都为他高超的销讲能力所折服，很愿意去学习他的销讲秘籍。

马云的销讲可以说无处不在，无论是大学校园，还是社会活动，只要有马云出席的场所，几乎都留下了他精彩的销讲。

马云之所以会成为当今最成功的销讲大师，离不开他“幽默流畅、干货满满”的销讲内容，作为中国互联网领域最成功的企业家，他愿意将自己的成功秘诀分享出来。因为他的销讲总是太过精彩，所以被互联网界、创业界、销售界、营销界、销讲界都追捧为最厉害的“销讲大师”。

马云的精彩销讲也吸引了社会各界名流人士的高度关注，360公司创始人兼CEO周鸿祎就曾向马云请教过销讲的秘诀，并高度赞扬马云：“他上台只说三句话，且每句话都非常经典，给人留下深刻的印象。”

马云的销讲才能可以追溯到他在杭州师范学院求学时期，当时他担任学校的学生会主席，还担任杭州市学联的主席。那个时候，他天赋异禀的销讲才能就表现出来了。

马云自身还有很强的文艺和理想主义气息，加之他酷爱金庸小说，所以他的思维总是可以发散到极致，却又能张弛有度。因为他拥有这样的思维，所以他所说的每一句话都不拘一格，而且句句经典。这是他的独特风格，也是他的过人之处。无论他销讲哪方面的内容，其内容都带有很强的理想主义，让听众对未来信心满满。

那么，如此高超的销讲技能，马云是如何练成的呢？笔者研究了马云的上百场销讲，为大家总结出了他的六大销讲技巧，希望大家也能够通过学习、练习和总结，成为具有“马云范儿”的销讲高手。

一、风趣幽默

为什么马云的销讲如此受大众欢迎？有一个重要原因，就是他的销讲风趣幽默。没有人会对风趣幽默的内容有抵触，而马云非常擅长自嘲，他通过自嘲营造出愉悦的氛围，让听众有轻松感，比如他常常把“不懂技术，也不聪明”挂在嘴边，把自己当年被肯德基和警察局拒之门外的应聘经历拿出来自嘲，甚至还将自己的长相拿出来开玩笑。

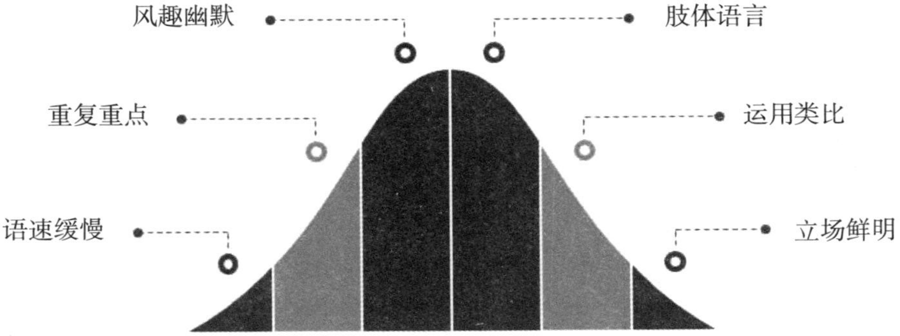

图2-1 马云销讲的六大技巧

马云通过自嘲的风格，收获了一大批听众的喜欢。当人们听到马云谈论他自己的“囧事”时，不会觉得他是高高在上的成功企业家，从而产生距离感。马云通过一些风趣幽默的自嘲，让听众卸下这层“防备”，拉近与听众之间的距离。这样不仅给听众带来了快乐，也让自己变得更加真实、亲切。

值得注意的是，我们在销讲中如果要运用自嘲的方式，就要把握好自嘲的度，不要将自己的形象设计成哗众取宠的跳梁小丑，适当地开玩笑自嘲一下，能迅速拉近你与听众的距离。

二、肢体语言

善于运用肢体语言，能让你的销讲事半功倍。没有人会喜欢销讲者站在那里一动不动，而只是动动嘴皮子而已。在销讲中，丰富的肢体动作和丰富的神情会迅速吸引听众的注意。我们可以发现，看马云的销讲视频时，即使把声音关掉，也可以被他的销讲所吸引，因为他在销讲时并不是一直站在原地，而是全程都在不停地走动，通过自己丰富的肢体动作和面部表情来强调自己的观点。哪怕是出席访谈类活动，他也不会安安静静坐在那里，而是“张牙舞爪”“眉飞色舞”地说话，肢体成了他强调观点的一种工具。

三、语速缓慢

马云不仅中文销讲很棒，他的英语功底也极好，听过他英文销讲的人，就会发现他的销讲风格——语速缓慢、停顿有致。这种风格并不是他的个人发音习惯造成的，而是他刻意而为的，其实在马云的很多中文销讲中，这种风格的运用也很常见。

马云的销讲风格时刻以听众为导向，通过平缓的语速，让听众能跟上节奏，在讲完重点内容后，会有片刻的停顿，好让听众有及时消化理解的时间。不仅如此，他的表达没有任何专业术语，浅显易懂的内容很容易被听众所接受。

所以，即便是我们这些普通听众，也可以耐心听完他的整个销讲，并收获一些丰富的人生道理。在马云的众多销讲中，我们很少听到他谈论阿里巴巴集团背后强大的技术支撑，他总戏称自己是“电脑白痴”，不管他是不是真的不懂技术，但至少他所表达的内容十分浅显易懂，也是人们喜闻乐见的东西。

四、重复重点

马云在销讲时惯用的修辞手法是“反复”，“反复”并不是重复啰唆的讲一句话或一个观点，而是有目的性的反复强调销讲的重点内容。通过这种“反复”的方式，可以加深听众的印象。不仅如此，在重述重点内容的时候也给了听众消化信息的时间。

五、立场鲜明

马云的销讲很能抓住听众的内心，让听众跟着他的节奏走。他是怎么做到的呢？就是因为他持有鲜明的立场，他直率地表达自己的观点和态度，从来不泛泛而谈。马云非常反感人们的抱怨，甚至在销讲的时候，把这类喜欢报怨的人拿出来取笑，并认为抱怨是“愚蠢的行为”。他的观点清晰明了、言语直截了当，能迅速吸引听众，媒体对其更是大肆报道。这种坦率的言论相较含糊不清的立场更有吸引力。

当然，这种立场鲜明的决断方式并不适合所有的人和事，毕竟我们生活在一个多元化的世界，过于强势也会带来一些麻烦。但是作为一种修辞手法，立场鲜明要比含糊不清更招人喜欢。马云一贯的作风就是保持清晰的思路、坚定的立场，A 就是 A，B 就是 B，从来不会在 A 和 B 中难以抉择。

六、运用类比

马云的销讲浅显易懂就是因为他经常运用类比的方式。无论是科技，还是创业，都离不开一些诸如“深度学习”“云计算”和“风险投资”这类难以理解的概念，可这些概念就算讲出来，听众也是一头雾水。马云这位超级演说家，在遇到此类难题时，会运用类比的方式转移听众的注意力，把话题讲得浅显易懂一些。

比如马云曾将类比运用到“大材小用”这个话题中，将波音飞机的引擎装在拖拉机上。这一类比不仅给听众带来了欢笑，并且让人记忆深刻。也许我们最终也无法理解“大材小用”这个词在科学领域有多么专业和深奥的解释，但最起码我们通过马云的销讲，能立刻明白飞机引擎并不适用于拖拉机。

马云在销讲中能灵活自如地运用类比技能，依赖于他多年教书习惯所得。我们也可以像马云一样，构思出独特有趣的类比，来帮助听众理解那些深奥难懂的问题，这样我们的销讲水平就上升了一个层次。

销讲是企业家必备技能清单中的一项基本技能，这种技能的培养有助于提升你的谈吐气质，让你在商务谈判中脱颖而出，从投资商那里获得更多的机会。即使你自己的听众没有马云的听众那么多，但也可以在各种商业活动、研讨会上锻炼自己，丰富自己的阅历，最终让自己的销讲技能得到提升。

如果你想成为像马云那样成功的互联网经济大佬，首先你必须具备销讲的才能。

2.2 学会6个传情眼神，从此演讲秒杀全场

很多人在演讲的时候，总是不知道眼睛该往哪里看。是要与听众进行眼神交流，还是要扫视全场？是应该盯紧前排听众，还是要照顾后排听众？

演讲者站在讲台上，就像置身一片无人的大海，那种无助感和孤独感让人忍不住想逃跑。如果此时你的眼神闪躲，或把目光投向屋顶，那么这场演讲将会变得很糟糕。

在演讲的过程中，恰当地运用眼神非常重要。眼睛是心灵的窗户，眼神是内心的表达。人们常说，老者的眼神睿智深沉，少女的眼神纯真美好，美国女演员玛丽莲·梦露的眼神诱惑销魂，中国香港男演员张国荣的眼神迷离梦幻，资深媒体人罗振宇的眼神坚定智慧……每个人的眼神都讲述着自己的人生故事。

同样，演讲者的眼神也在向观众传递信息。你的眼神能告诉观众，你是否信心十足，你是否能掌控局面，你是否能为大家带来一场精彩的演讲。

所以，我们说眼神的运用是演讲者的必修课。若能完美运用眼神这件“利器”，你的演讲将会如虎添翼，你的个人风采也会展现得淋漓尽致。

下面就和大家分享一下运用眼神的六大技巧：

一、点杀

所谓“点杀”，就是“点视”，即重点观察某些观众，和他们进行一

对一的眼神交流。“点杀”是一种很强烈的眼神，它能帮你征服观众、感染观众。

那么，“点杀”适合在哪些情况下运用呢？可以在提问时运用，如果你希望某位观众能回答问题，就可以注视他，用眼神示意他。

你还可以在停顿时注视几位观众，给大家思考的时间。观众走神时、说话时，演讲时也可以用“点杀”把他的注意力拉回来。

“点杀”的眼神一定要坚定而自信，因为这不仅是对观众的肯定和尊重，也是对自己的信任。不过，“点杀”的时间不宜过长，时间过长既不尊重观众，也会给对方带来无形的压力。

二、扫视

在电影中，那些战场上的名将都有横扫千军的气势，手中的武器一扫，四周就倒下一大片敌人。

扫视也是演讲者征服观众的武器。扫视就是从左到右、从前往后与观众进行全方位的视线接触，扫视一般以 S 型的方式进行。

扫视观众的目的是和所有观众进行眼神交流，能让每个观众都感受到演讲者的重视。而且，你也可以通过扫视来检查观众的倾听状态，以便及时拉回观众的注意力。扫视的动作应该是从容不迫的，如果动作过快，就会给人敷衍了事的感觉。

三、环视

环视，就是弧形扫视全场，视线的轨迹最终形成一个环。这种方式也可以被称为“环视一周”，环视的范围要覆盖到整个会场和所有观众。

当演讲者站上讲台时，应该先环视一周，用眼神告诉在场的观众：“我来了！请大家安静！”

环视适合运用到大场面以及感情比较充沛饱满的时刻。但是，环视不宜太频繁，以免给观众造成不自然、做作的感觉。环视全场时，应该有适当的停顿和过渡性动作，如果眼睛转得太快，观众就会觉得你不够专业、不够稳重。

四、虚视

虚视，就是“目中无人”，看起来好像在看某个地方、某个人，实际上却什么也没看。但是，什么都不看并不代表不重视观众，演讲者要时刻把观众装在心里。虚视，是一种过渡性的眼神，也是情绪转换时的眼神交流方式。

演讲新手上台时，为了缓解紧张情绪，可以运用虚视的技巧。不过在运用虚视时，最好平视前方，不要东张西望，身体和头部保持端正，不要晃动，也不要看天花板和地板，更不要流露出慌张的情绪。

在演讲中，回忆过去或者描述某个特定场景时，也可以运用虚视。比如，在回忆童年的快乐时光，或者描述亲历的某个事件时。

表现出愤怒、悲伤、怀疑等情绪时，也可以不用直视观众，不与观众进行眼神接触，而是用虚视让自己沉浸在某种思想和情绪中。

五、直视

直视，是一种最常见的眼神技巧，也可以被称为前视。直视时，演讲者的视线要平直向前，聚集在观众席的中轴线区域，并同时兼顾两旁，最后视线落在最后一排观众的头顶上。要注意的是，直视并不是直愣愣地向前看，而是弧形向前的。

直视可以让每位观众都产生“他 / 她在对我讲话”的错觉，让观众的精神更集中。直视还可以让演讲者保持端正挺拔的姿态。演讲者在直视观众时，实际上也是在观察观众的情绪和状态。

直视的动作幅度较小，适合运用在演讲较为严肃、情绪起伏不大的话题时。

六、仰视和俯视

仰视就是头部向上，看向会场的天花板或上空。仰视可以在表达膜拜、敬仰、羡慕、尊敬、憧憬的情感时使用。有时候，演讲者在思考、回忆或撒娇时，也要运用到仰视。

俯视，就是向下看，居高临下把视线投向下方。演讲者在指导或教诲晚辈、表达抑郁的情绪，或者表现压力和疑问时，以及道歉、遗憾、后悔时，都可以运用俯视。

眼神的运用，是演讲的基本技巧。眼神可以充分表达出一个人的内心世界，可以传达一个人的情绪。眼神中包含的信息是如此复杂而微妙，如果演讲者能充分运用眼神技巧，将会大大提升自己的舞台魅力！

有的眼神欲语还休，有的眼神直白犀利，恰当的眼神不但能够调节演讲氛围，还能准确表达演讲者的情感，向观众传递特定的信息。换言之，眼神也是一门语言！若演讲者能够掌握眼神这门“语言”，巧妙运用传情眼神，就能在演讲中秒杀全场！

2.3 得体的举止，让销讲魅力倍增

大家都很羡慕销讲家在讲台上风度翩翩、挥洒自如的风姿，他们不仅有眉目传神的眼神、充满魅力的话语，还有潇洒的肢体语言，这所有的一切构成了销讲家的魅力。本节和大家分享销讲中的肢体语言。

销讲家给听众的最初印象应该是演讲时收放自如的风姿。或许在日常生活中，我们留给他人的印象是犹犹豫豫、规行矩步的类型，但如果站在讲台上面对无数聆听者时，就得一改往昔作风。首先，我们要使身体呈放松状态，避免神经紧张。如果我们克制不住紧张的情绪，就不能在演说现场发挥好的水平，甚至贻笑大方。

要想做一名出色的销讲家，首先要学会控制好自己的姿势，只有控制好自己的姿势，才能帮助我们在讲台上抑制住慌张的情绪，从而在演讲的

过程中掌握好演讲的节奏。

一、摒弃小动作，时刻保持敏锐

以笔者为例，本人至今已在全国做了近千场销讲，现场听众超过几十万人，曾被媒体冠以“亚洲超级演说家”的荣称，这都是自己通过不断实践取得的战果。首先要告诉大家的是：我们在讲台上演讲时，一定要学会摒弃无用的小动作，例如摸鼻子、站立不稳、手臂发抖等。如果你是一个容易紧张的人，可以尝试将双手自然放在两膝上，用指甲按住另一只手的手掌心，这样可以帮助我们转移注意力，保持镇静。正如亚里士多德所言：一个人身体姿势里，一切过多的无意义的举动，皆足以表示一个人的浅薄、轻浮、胆怯或者狂妄。

在演讲的过程中，我们还需时刻保持敏锐，你需要有一双洞察先机的眼睛，能敏锐察觉到自己给他人的印象，才能及时控场避免失误。除此之外，我们还要留意别人听完我们的演讲后的表情和反馈，这样才能在现有的演说水平上进行有效调整，便于我们在外界建立正面的形象。

二、调整站姿

不要小看身体姿势给人带来的影响，一个端正笔挺的姿势代表了一个人的内外涵养，特别是演说家，演说家没有坐着进行演说的道理。所以，站姿与站位对演说家来说是非常重要的，那么怎样调整我们的站姿呢？

①站的姿势

站的姿势通常分为三种：稍息式、前进式、自然式。

稍息式：站立时一只脚往前迈半步，另一只脚站立不动。两脚后跟相距 12 厘米，脚与脚之间呈 75 度夹角。此姿势适用于短时间站立，不适合长时间站立，否则会带给观众不严谨的印象。

前进式：将左脚放在后面，右脚放在前面，把前脚脚尖朝向正前方或者向外倾斜。脚后跟距离保持在 10 至 15 厘米之间，两只脚的延长线夹角呈 45 度。

自然式：将双脚分开站立，保持平行相距，与肩膀同宽，约20厘米。

②站的位置

说到站的位置，在通常情况下演说者都会站在舞台的正中间，因为这样才能使全场不同方位的观众清楚地看到我们，我们也能环视全场，尽可能地关注到听众的情绪。

不仅如此，演说者选择站的位置还要对准灯光，让头顶上的光束打到演说者身上才有聚光的效果，方便台下观众准确地找到演说者的位置，看清演说者的动作。

所以，正确的站姿是每一个演说家都要学会的基本技巧，它可以有效提高我们演说时的发音及状态。

三、调整手势

利用手势表达情感是演说过程中不可或缺的部分。如果你在演讲过程中能够合理运用手势，那你的演说就相当于成功了一半。我们常会看到演说者在讲话的过程中用到手势。手势有不同的含义，比如：手向后、向下、向外时表示鄙视、批评、否决等含义；而手向前、向上、向内时则表示积极、希冀、认可等正面隐喻；双手摊开代表束手无策；双拳紧握代表愤怒、宣誓；挥挥手则表示不在乎、鄙视等情绪。

有演说家称："手势是另一种穿透人心的语言。"确实如此，当演说者在渲染情绪的同时通过手势表达内心所想时，观众会更投入于演说情景之中。但手势不是唯一的动作，我们的头部和双脚，包括我们身体的任何部分都是可以进行动作变换的。为了达到演说效果，演说者可以通过沉重的脚步表达此刻凝重的心情，也可以通过身体的前仰后合表示喜悦或生气的状态，头部的低垂或微扬可以表示沮丧或愉悦的心情。

我们在演说的过程中运用手势是为了更好地发挥演说效果，注重于由心而发的真实感受，而不是生硬地去照搬动作，不然只能是夸夸其谈。

经常有人问我，手有没有指定摆放的位置呢？有的。我们运用手势时，最需要注意的是动作要自然。有的演说者喜欢将手插在裤兜或衣兜里，这是非常不尊重听众的表现，自己也会在演说过程中受到拘束。

希望大家记住，手势展示的次数需要根据演说内容进行调节，如果手势展露的次数过多也会适得其反，显得分外滑稽。或许有人认为手势多就一定能让观众更信服，其实这是错误的想法，太过频繁的手势只会让观众不明就里，还会让自己看起来慌张可笑。

所以，好的手势是根据内心的情感自然而发的，如果在演说的过程中手势不断且毫无感情，那么等到散场，观众也所留不多了吧！

如何调整手势呢？给大家介绍十种方法：

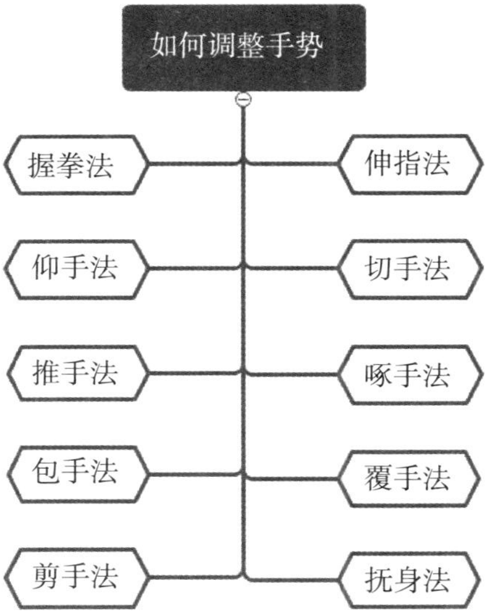

图2-2　调整手势的十种方法

①**握拳法**

握拳式顾名思义就是将五指收拢，握紧我们的拳头。握拳式表达的情绪是多面化的，可以表示激动、坚定、威胁、怨恨、憧憬等。

有的演说家一站到台上就光芒万丈，说起话来井井有条，令人信服。而有的演说家演讲时却死气沉沉，找不到头绪，这就是两者言谈举止间的差异。这可以说是身体语言和自身形象的不足，所以体面的形象和良好的肢体语言是取胜的关键。

②伸指法

伸指式就是将手指向上。我们竖起拇指代表对某人的夸赞；很多手指一起伸出来则代表某物的数量或者类比；伸出食指则是专门指代某事或是一种提醒等。

③仰手法

仰手式就是将手掌心朝上。手举高表示欢呼赞叹，也可以表示乞求或致歉；手摊平则表示征求众人的意见；手放低则表示希望平息哄吵等意思。

④切手法

切手式即将手掌摊开且手指呈合拢状态，如一把刀直直挥下，这个动作表示决绝、不含糊、直截了当等。

⑤推手法

推手式即手指朝上合拢，掌心朝外大力推出。这种手势气场极大，代表力排众议的决心，展现了决然的气势。

⑥啄手法

啄手式就是五指合拢成圆锥形，指头对着听众，颇有指示的意味，也暗含了蔑视和威胁，一般情况下用于和演说内容相关的方面。

⑦包手法

包手式就是将五个指头的指尖相碰且朝上，如收紧了开口的袋子一样。这样的手势经常用于讨论问题或阐明观点时。

⑧覆手法

覆手式就是把掌心朝下，五个手指指尖相碰，这意味着演说者要安抚听者情绪，调整好场内秩序等；也含有反驳的意思。

⑨剪手法

剪手式即双手掌心朝下，随即左右手同时分开。这种手势意味着坚定的拒绝，也可用于在演说的话题中排除选项或语句。

⑩抚身法

抚身式就是用手碰触自己身体的一个部位。比如，双手抚额表示难过或思考，双手叉腰表示盛气凌人或洋洋自得，用手捂心脏可以表示心痛或生闷气等。

2.4 “表面功夫”不到家，怎么做销讲

销讲者的穿戴打扮、精神面貌和面部表情是销讲魅力中非常重要的一部分，它们是一场销讲的“表面功夫”。只有把这些“表面功夫”做到家，销讲才能吸引听众，达到销讲的目的。换位思考一下，如果我们是观众，正准备聆听一场销讲，而台上的销讲者衣着邋遢，精神萎靡不振，脸上也没有一丝笑容，我们还有兴趣听下去吗？

况且，保持整洁的仪表、亲切的笑容和积极的精神面貌是销讲者对听众的尊重，也是对自己的尊重。在多年的销讲生涯中，每次站上讲台前，我都会仔细检查自己的服装和仪表，提醒自己面带笑容，并以最饱满的热情面对所有的听众，因为我热爱销讲、爱上舞台，也热爱我的每一位观众。

作为一位销讲者，我们在销讲时，要注意自己的服装和面部表情，还要调整好自己的心理，让自己达到最佳状态。服饰着装是销讲者必须注意的一道关卡，得体大方的着装能够给听众留下一个好的印象，也是销讲者

专业程度的体现。

一、销讲者的着装要大方整洁

对于大部分的销讲活动而言，销讲者的服装只要大方、干净、整洁、朴素即可，但如果要细究起来，就会有许多值得探讨和学习之处了。

在一个正式的销讲场合，销讲者必须穿正装。传统的正装有西装、中山装、套裙等等。在穿着正装时，需要把握以下几个原则：

图2-3　销讲着装五大原则

①有领原则

有领原则是指正装必须有领子，正装中有领子的衣服通常指的是有领衬衫。T恤、运动衫这一类衣服没有领子，通常不能成为正装。

②三色原则

通俗来讲就是身上穿的衣服颜色不能超过三种，可以把颜色非常接近的色彩视为一种。颜色太多会显得轻浮、不够成熟稳重。

最常见的女士正装是西服套裙，也要注意服饰颜色的搭配，衬衫、鞋子颜色最好朴素简单，不要选用大红大紫的颜色，否则会显得很浮夸。

③皮鞋原则

穿正装一定要搭配皮鞋，切记不能搭配布鞋、运动鞋、休闲鞋、拖鞋等。系带皮鞋是经典款式，永远不会过时。随着社会的发展，那些没有鞋带的皮鞋渐渐成为主流。

女士正装的高跟鞋选择最好是3到4厘米的高跟，不要露出脚趾。

④**纽扣原则**

必须穿有纽扣的正装，通常带有拉链的服装不作为正装，有人喜欢在销讲时穿比较庄重的带有拉链夹克，严格意义上来讲，这不能算作是正装。

⑤**皮带原则**

男士穿的长裤必须搭配皮带，不能穿那种带有松紧的运动裤或者休闲裤，牛仔裤也不可以。实践经验证明：皮带对于男人的作用与手表同样重要。

除了大方得体的着装，我们还要有亲切自然的面部表情，面部表情与销讲内容相呼应，可以增强销讲的感染力。下面一起来看看，如何在销讲中调整和运用面部表情吧！

二、微笑是最好的面部表情

销讲者在讲台上不能面无表情，否则销讲效果会大打折扣。我们很多人都有这种体验，有的销讲者一上台，就会吸引全场听众的关注，但有的人一上台，气氛立马变得压抑，也无法吸引观众的注意力。这是因为每个销讲者的亲和力不同，亲和力通常是通过面部表情来传达的。

人可以通过面部表情来传达自己的喜怒哀乐，用各种各样的面部表情来表达感情。面部表情也可以刺激人产生某种内心感触，面部表情和内心情感两者相互作用，最终会给别人展示恰当到位的信息。

常见的面部表情有：

①**快乐的表情**

嘴巴张开，嘴角向上，双眼眯缝，面部肌肉向上提升。

②**悲哀的表情**

嘴唇微张或紧抿，双目低垂，面部肌肉松弛。

③喜悦的表情

嘴角自然向上，目光愉快而明亮，面部肌肉放松。

④愤怒的表情

嘴角紧绷且向下，眼睛睁大，面部肌肉紧绷或抽搐。

⑤坚定的表情

嘴唇紧闭，目光坚定有神，面部肌肉微微紧绷。

⑥惊讶的表情

双目大张，嘴唇微张，面部肌肉收缩。

还有，在诸多面部表情中，最常见、运用最广泛的就是微笑了。经常微笑的人通常会给人留下很好的印象，也具有很好的亲和力。那么，做出微笑的面部表情时我们需要把控哪些细节呢？日本推销之神原一平曾经这么说："有一种微笑，是男女老少统杀的微笑，只要见到这种微笑的人，都无法再抗拒，这种微笑就是——婴儿般的微笑！"

真正成功的销讲是要用情绪来交流的。销讲者通过对听众情绪的感染，来传达一些无法用语言表述的东西，以获取听众的理解和支持。微笑是最能感染人的表情，是沟通中至关重要的法宝。

三、把自己的情绪调整到最佳状态

销讲需要强大的勇气，这种勇气能够让我们在销讲的时候保持一个平静的心态和情绪。只要自信满满，击败恐惧感，做好准备，以积极热情饱满的情绪面对听众便有助于获得销讲的成功。要保持平静的心态和情绪，销讲者需要在销讲开始前做好三个方面的准备：

①保持高涨的热情登台

在销讲前一定要把自己的情绪状态调整到最好，保持高度集中的注意力和高涨的热情上台。一个充满感情的演说者，常常能够使听众和他一起感动，哪怕他说的内容很空洞。因为热情高涨的情绪能够感染听众，吸引听众的注意力。所以我们在登台之前，务必调整好自己的精神状态，给听众留下不可磨灭的印象，这样达到的销讲效果才能事半功倍。

图2-4 销讲开场前的情绪调整

②重视与听众之间的交流

销讲是一个销讲者与听众之间的双向互动的过程，因而销讲者从销讲一开始就要注意观察听众的情绪动态，随时掌握听众反馈的内容，并根据听众的反馈及时调整销讲的结构和内容。只有这样，才算得上是一场适时的、成功的销讲。

无论销讲者有多么高的水平，知识框架多么完整、阅历多么丰富，千万不能把自己的位置摆在高于听众水平之上的地方，销讲者要把听众当作是自己的一个朋友，娓娓道来，阐述想要表达的内容。

③克服胆怯心理

相信每个人都有过怯场的时候，有很多演说家在第一次登台销讲的时候都会高度紧张，两腿发软。古罗马著名的雄辩家西塞罗曾经在一次演讲中袒露自己的经历："刚开始演讲的时候，我就感觉到自己整个人都在颤抖，脸色苍白，四肢无力。"但是最后他成为一名优秀的演说家。从胆怯到自信，每个成功的销讲者都会经历这个阶段，只要能够克服自己的胆怯心理，勇敢上台，你就已经迈出了很大一步，离成功更近了。

面部表情、着装、情绪状态这三者对销讲来说非常重要，面部表情体现销讲者的内心世界，着装展现销讲者的专业程度和个人魅力，情绪状态则影响着销讲的最终效果，所以我们一定要高度重视，做好这三项“表面功夫”。

2.5 用声音捕获听众的心

销讲是通过声音传播的，如何让自己的声音在销讲中被听众喜欢，是一个值得关注的问题。好的声音不仅能提高销讲能力，还能增强说服力。所以销讲者要坚持不懈的练习抑扬顿挫的语调和洪亮清晰的发声，出众的口才必须依赖好听的声音，才能“捕获”更多听众的心。

有震撼力的嗓音往往能震撼全场，并将销讲者的自信表现出来。这样的声音充满了能量和活力，让听众觉得你所阐述的观点非常重要，并愿意相信你所说的。

一、发声训练

一切销讲的前提都是发声。再好的销讲技能也要通过发声表现出来，发声并不只是说出话语，而是由声音和意义两个元素组成的。好的声音，不仅仅是将销讲内容清晰地表达出来，还能震撼全场、感染听众，让销讲变得生动并富有艺术效果。

下面总结出七个发声小技巧，供大家参考。

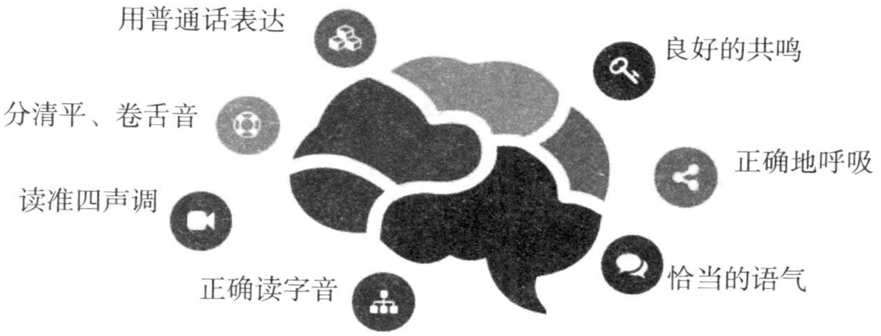

图2-5　发声的七个小技巧

①**用普通话表达**

普通话是人与人在交流时最基本的语言，在日常的交流沟通中，要多说普通话，让自己的普通话说得既标准又流利。

②**分清平、卷舌音**

很多人受方言影响，分不清“zh、ch、sh”和“z、c、s”的读音，我们平常可以通过一些绕口令或者有针对性的词语来练习平、卷舌音的发音。

③**读准四声调**

既然是普通话，就离不开阴平、阳平、上声、去声这四个声调，这是普通话发音的基本，读准四声调是关键，平常可以多练习这四个声调的词语。

④**正确读字音**

在销讲过程中，如果出现读音错误，不仅会被嘲笑，还会有损我们的专业形象。为了避免这种尴尬局面的发生，平时可以多读书、多学习，还要精准掌握每一个汉字的标准读音。在开讲前，一定要审阅一下销讲稿，看看里面有没有自己感觉模棱两可的字音，并通过查字典来规范自己的读音。

⑤恰当的语气

一个人的语气，常常能表达出一个人的情绪和态度，不同的声音语气所表达的思想感情是不一样的，所以在销讲的时候，语气不对，就会让听众误认为你的态度和情感有所欠缺。这时候你就要学会调节气息，表达爱和关怀的感情时，声音要温柔和缓；表达愤怒和憎恨的感情时，声音要急促有力。总之，我们要根据不同的情感，来调节适合的语气。

⑥正确地呼吸

有很多销讲者讲得时间长了，声音就开始嘶哑，越讲到后面，声音越是嘶哑得厉害，最后竟发展到声嘶力竭的地步，让销讲效果大打折扣。究其原因，就是没有运用正确的呼吸方法。

什么是正确地呼吸？就是胸腹联合呼吸。方法是：两肋向外扩展并提起，横膈尽量往下压，将小腹往里收，这就是正确地吸气；尽量将腹肌和横膈膜收缩，将肺部空气有规律地往外吐，这就是正确地呼气。

⑦良好的共鸣

在正确呼吸的基础上，掌握良好的共鸣，可以美化销讲者的音色，并扩大他在销讲时的音量，同时还会拥有富有情感的声音。

二、语音训练

什么是语音？简单来说，就是说话的声音。我们通过发音器官运动而发出的高低、长短、强弱各不相同的声音，就是所谓的语音。语音的种类不是固定的一种，会因为地域性、民族性等因素存在差异，我国幅员辽阔，民族众多，因此语音也是多种多样的。

只有进行准确无误的清晰表达，才能让有效信息被对方及时接收到。说的一方要准确表达，听的一方要具备高效的理解能力。所以，做好语音方面的训练非常重要。

首先，我们必须掌握准确的发音方法。语音并不是单纯地动动嘴皮子，它是人体发声器官运动的最终结果，发音是由口、鼻、喉、咽、胸共同完成的。在普通话中，每个音素都有固定的发音方法，所以我们在练习普通话发音的时候，一定要区分每个音素的发音特点，学习正确的发音方法，避免让方言影响了我们正确地发音。

其次，要用干脆利落的口语进行信息传达。在发音的时候，每个字都要清晰明了，避免含糊不清。我们在销讲的时候，由于吐字时间短，无法完整彻底的发出每个音素，所以我们在发音时，应该尽量将口型落在每个字韵母的元音上，做到开头有力、中段饱满、尾部和缓，这样一来，整个音节才会显得干脆利落。

除此之外，声调的准确性也不可忽视，基于汉语音节少而同音字多的特点，用声调来辨别这些同音字很关键。我们在表达的过程中，要控制声调的准确性，这样才能表达出真正的内容。

除了干脆利落的表达之外，我们还要进行口齿的训练。在销讲过程中，吐字含混不清或被迫中断的状况，都是由于口齿不够灵活造成的。连续发音时，舌尖、舌面、舌根和嘴唇要交替用力，做不同幅度的开合运动来控制气流、帮助发音。

我们可以通过朗读的方式来锻炼口齿的灵活性，只要坚持不懈，就会让自己口齿越来越灵活。发声时运用正确的姿势也很重要，人的整个身体要自然伸直，放松胸肌，用力适中，让气流通畅运行，达到良好的共鸣效果，使语言富有魅力。

三、适当停顿

每个销讲者都不能忽视停顿的重要性，有效的停顿可以增强感染力。停顿尽量选择在重要词组的前面或后面，这样能起到提示听众的作用。在停顿的过程中，我们可以判断听众是否接收到我们传递出去的信息，同时也给听众预留了消化的时间，有利于彼此之间的交流。

有效的停顿可以让我们在销讲过程中收获以下几种结果：

①能集中销讲者的思想能量

我们在讲完一个重点内容后，停顿一两秒钟来观察听众的反应，通过听众反馈过来的信息来判断自己所讲的内容是否被听众接收到，并做出相应的调整。或者在表达一种独特的思想时，不妨在这句话开始前先停顿一下，这样能迅速聚集一种思想能量，有助于我们后面的发挥。

②能更好地让听众接收信息

我们在销讲的过程中稍微停顿一下，不仅能让听众的注意力得到片刻的休息，而且能让后面的销讲内容更有力量。

为什么这么说呢？举个例子，我们坐火车时，最初的时候总是被火车轰隆隆的声音吸引，但是过了一段时间后，我们就会忘记火车轰隆隆的声音，如果火车先停下来再开起来，我们又会被这个声音影响到。同样，销讲也需要停顿一下，再继续销讲的时候，人们接收信息的愿望会更强烈。

③能有效地制造悬念

每个人都有好奇心，所以在销讲的时候制造一些悬念可以大大提升听众的兴趣，当悬念抛出来后，如果立马揭开，那就失去了设置悬念的意义，这个时候，不妨停顿一下，看看听众的反应，保持短暂的神秘感后再解开，这样不仅能让听众集中注意力，而且起到了烘托现场气氛的作用。

好的声音能使销讲起到事半功倍的作用，在销讲的时候，我们的发音应该准确、流利、自然并富有感情，切忌发音不准或吐字不清，这就要求我们必须坚持不懈地训练自己的发音，力求让自己的声音在销讲过程中呈现出最完美的状态。

Part 3 名头弄个响的，给自己一个有特色的标签

没有个人标签的销讲者注定会被埋没，因为他始终无法给听众留下深刻的印象。所以每个销讲者都应该找到属于自己的销讲风格，并用风格树立形象，优化自己的人设，为自己贴上一个独特的标签。个人标签是影响力和价值的体现，有了个人标签，才能够在人群中闪闪发光。

3.1 找到自己的销讲风格，打造个人品牌

每个销讲者都有自己的销讲风格，有的人慷慨激昂，气势如虹；有的人娓娓道来，润物无声；有的人喜欢讲故事，用真挚的情感打动听众；有的人喜欢思辨，用深邃的思想令听众折服；有的人严肃稳重；的人诙谐幽默。不同风格的销讲，带给听众的感受不尽相同，销讲者在听众心目中的形象也有所区别。

所有的销讲高手都拥有独特而鲜明的销讲风格。提起乔布斯的销讲，我们都能想到他那生动的语言和极简风格的演示文档（PPT）；马云的销讲十分幽默风趣；而罗振宇总会在他的销讲中抛出一个令人耳目一新的观点，他的销讲几乎自成一派，兼具启发性和幽默诙谐。这些高手们独树一帜的销讲风格在听众的脑海中留下了深刻的印象，他们的个人品牌也由此建立。

销讲风格，就是销讲者的个人标签，只有找到个人标签，才能树立自己的个人形象，创建自己的个人品牌。那么，我们应该如何找到自己的销讲风格呢？我们先来了解一下什么是销讲风格。

一、什么是销讲风格

①销讲风格的四种类型

销讲风格就是销讲者在销讲时所表现出来的独一无二的、与众不同的特征。从宏观方面来看，主流的销讲风格有以下四种类型：

图3-1　销讲风格的四种类型

第一种风格：风趣幽默型

在四种销讲风格中，幽默风趣型的销讲者更容易受到听众的欢迎，因为听众能够更多地感受到轻松愉悦，并从销讲者的语言、肢体动作和神情上受到启发。

很多销讲者把这种风格作为自己的职业理想状态，能够在台上展现出自己幽默风趣、积极乐观的一面。同时，这也是一种心态淡然和从容的体现，是拥有高度自信、充分把握销讲主题的体现。

第二种风格：激情型

在听别人销讲时很多人都会遇到这样的销讲师：演讲开始时，销讲师激动兴奋地介绍自己，说一段流利的开场白；在整个销讲过程中始终保持着高昂的情绪，在台上热情澎湃，做着幅度大、速度快的动作，时而还会振臂高呼。

这就是激情式的销讲风格。这类风格的销讲师往往能够将现场的气氛调动起来，给听众一种积极向上的感觉。不过凡事有利就有弊，如果销讲者在全程都是这样的激情澎湃、富有活力，那对销讲者的体力要求会很高，一般的销讲者可能会筋疲力尽。听众也会产生审美疲劳，在后期逐渐失去好奇心。

就像我们听歌的时候，所有歌曲都有起伏变化，或高昂，或低缓，或激情，或舒畅，富有节奏变化的歌曲往往能够带给我们更大的情感冲击。所以这种激情式的销讲风格要适时选择，不能盲目跟风。

第三种风格：平和型

与激情型形成鲜明对比的是平和型的销讲者。这类销讲者不会站在台上大声喊叫，也没有夸张的动作和大幅度的动作变化。平和型风格的销讲者都能够把控自己说话的语速、音调和音量，表现得温文尔雅、平易近人。动作也显得很平静，不会快速变化。

这类销讲者进行销讲时，听众也会觉得很安静，内心平静，没有什么波澜起伏，整体给人的感觉是比较好的。但是同样的，此类风格也存在着缺点，比如，一旦销讲的时间比较长，听众会感到疲倦，甚至会睡着。因为平和型风格的销讲者缺乏灵动性，给听众带来的影响太微小，所以这类风格的销讲者要注意在销讲过程中融入幽默、激情或者其他的销讲风格，以便达到良好的销讲效果。

第四种风格：深情型

深情型风格的销讲师最擅长营造一种气氛，上台后会把自己的音量控制得比较小，声音低沉，语速缓慢，动作柔和，想方设法把听众的内心情感聚焦到一点，让每个听众都陷入预先设定好的思绪当中去。

深情型销讲风格能够让销讲者迅速流露出自己的真实想法，然后让听众去感受、理解和包容，最终使得销讲者和听众建立起一个无障碍的交流渠道。

风趣幽默型、激情型、平和型和深情型，这是目前比较主流的四种销讲风格。通常来说，这四类销讲风格会被销讲者掺杂使用，而不是单一地独立使用，只有这样才能给听众带来良好的体验效果。

在漫长的销讲职业生涯中，笔者使用最多的销讲类型是激情型。在我所经历的销讲场合中，几乎每一位听众的情绪都会被完全调动起来；近年来，我的销讲风格改为以平和型风格为主，附加深情、风趣幽默、激情等风格，强调一种多元化形式的体现，所以听我销讲的朋友会发现，我的销讲过程时而饱含情感、时而幽默风趣、时而慷慨激昂。这些都是认真仔细设计的结果，多加训练，你也可以达到这种层级！

②销讲风格的构成元素

销讲师的销讲风格是由以下几种因素决定的：销讲内容结构的设计，切入故事的方式，销讲者的舞台表演风格等。这几点因素在本书其他章节中都有所涉及，这里不再赘述。只要将这些元素融合消化为自己品质的一部分，就可以形成自己独特的销讲风格。

③人人能找到自己的销讲风格

不同的人有着不同的特征、性格和背景，做到完全融合所有元素是很困难的一件事。有的人天生就比较擅长幽默，有的人自带亲和力，有的人擅长讲故事，有的人思辨能力强、能迅速做出回应。其实不用羡慕别人，只要依托自己擅长的领域，多加练习，就能找到属于自己的独一无二的风格。

有人可能会说："只有那些特别高级的销讲者才具有自己独特风格啊，我就不是一个销讲高手！"不要担心，这本书的初衷就是把你培养成销讲高手。

二、寻找自己销讲风格的方法

找到自己的销讲风格不是在短时期内就能够实现的，但是你可以通过对以下三点的把握，不断在实践中练习，逐步形成属于自己的销讲风格。

①扬长避短

扬长避短就是懂得展示自己的优势，隐藏自己的缺点，每个人都有自己所擅长的领域，不要用自己的缺点去和别人的优点相比较，销讲者更应该学会扬长避短。

图3-2 寻找销讲风格的三大策略

销讲者应该对自己的个性特征做一个全面的了解，明确自己的优势，利用优势弥补缺点，掩盖不足。

那么，哪些细节可以帮助你成为一个具有独特风格的销讲者呢？千万不要认为只要能说会道就可以。有些优势可能不起眼，但是你要尽量最完美地呈现出来，比如浑厚的嗓音、高大帅气的外貌，甚至是超级好的记忆力。这些都可以展示出来，使之成为你独特销讲风格的一部分。

所以说，不必刻意地去模仿哪位著名销讲家，比如罗振宇、乔布斯、周鸿祎或者马云。你需要做的是在销讲前进行精心细致的准备，将自己所有的优势尽可能完全展现出来，然后把听众对你的所有建议或者意见都记录下来，以便日后学习改进。时间长了，你就会发现自己在销讲时所擅长的地方和需要改进的地方具体在哪里了。

在明确自己的优点和缺点以后，优势当然要尽可能地发挥出来，但是缺点应当如何规避和改进呢？给大家介绍四种扬长避短方法：

第一种，那些话比较多、没有逻辑思维的销讲者，需要多借助大的框架图和结构图，不断提醒自己不要偏离主题，言归正传。

第二种，那些不具备感染力、不擅长表演的销讲者，需要在销讲内容上做到尽善尽美，比如用精彩的短视频、精致的幻灯片来吸引听众的注意力。

第三种，那些颜值不高的销讲者，需要在服饰造型上来提升自己。个人的意见是，多穿正装，至少要看起来比听众更加正式。只要穿着正式，就会减少听众对于销讲者外貌的关注，提高销讲者的权威。

第四种，那些不擅长与观众互动，人生经历相对平淡的销讲者需要在销讲前收集大量的杰出人物、各类名人的精彩故事，利用名人轶事来给自己的销讲润色。

②表述清晰的价值观

讲完了打造个人独特销讲特征的第一个要点扬长避短，接下来进入到第二个要点：在任何一场销讲中都能够给听众阐述清晰的价值观。

可能有人会感到疑惑，销讲风格就是销讲者是否具有感染力、是否有爆发力、是否幽默等因素的综合体现，与价值观的灌输有何关联呢？其实，感染力、爆发力和幽默感只是销讲风格的表象，并非深层次的表现。

为什么乔布斯的销讲风格你永远学不会？那是因为他的销讲风格不完全体现在他穿的牛仔裤、黑色圆领T恤和他所使用的极简风格的幻灯片上，而是他在销讲过程中不断折射出来的苹果公司的价值观。

销讲中最重要的就是内容，销讲实质上就是一种价值观的传达和交流。销讲者的风格和他在销讲时输出的价值观紧密联系。

③真诚面对听众

除了前面提到的两个方法，打造个人独特的销讲风格还需要注意第三个要点，那就是真诚，这一点应该贯彻整个销讲过程。

所有人都不喜欢虚伪的人，听众也是。虚伪的人不会成为一个好的销讲者。如果从本质上来说销讲者就是一个不真诚的人，那么就算应用了所有的销讲技巧也无济于事，有时反而会弄巧成拙。就算你在某一方面做得不到位、有所欠缺，真诚的心可以弥补这些缺憾。

保持真诚是最难做到的，也是最容易做到的。当你还没有打造出自己的销讲风格时，你可以首先保持真诚。那么真诚究竟从哪些方面可以体现出来呢？一般来说，眼神、诚恳的语气、微微前倾的身姿可以表示你的真诚。除了肢体语言和面部表情，真诚还体现在你讲故事的方式、销讲的目标等方面。

当你愿意在听众面前袒露自己的真实想法，给听众塑造一个真实存在的形象时，你就是在给听众展示你的真诚。当然，你还可以在销讲过程中不遗余力的展现你的个人魅力和个性特征，从而打造你的影响力，找到更多忠实的粉丝和志同道合的朋友。

3.2用好自我介绍，为你的形象加分

相信大家对自我介绍都不陌生，自我介绍听起来好像很简单，但想让别人通过你的自我介绍瞬间记住你却很难，如何加深他人对你的第一印象呢？这就需要运用一些小技巧了。

简短精悍又不失风趣的自我介绍最容易打动听众。

越简短精悍的自我介绍越容易让人记住。曾有人这样介绍自己："我来自中国浙江省东北部舟山群岛新区56组，我名叫 ×××。"这样的自我介绍不但繁复，也很难给他人留下深刻的印象。

曾有人问我，为什么自我介绍要简短精悍呢？其实这就像泳衣，大家觉得是长款泳衣穿着便捷还是短款泳衣穿着便捷呢？毋庸置疑，肯定是短款泳衣穿着便捷了。

幽默也是自我介绍中的一个加分项，听众会被你诙谐的语言吸引住，从而带动整场的气氛。当我们进行自我介绍时，幽默也是不可缺少的小环节。

如果你的自我介绍既简短精悍又风趣幽默，从整体来看，应该还不错，听众当时也许是记住你了，但时日一长恐怕就忘记了。如果想让听众牢牢记住你，那就要给听众留下深刻的印象，让他们过耳不忘。

如何把风趣幽默、简短精悍和令人记忆深刻这三个元素融合在一起呢？我们在自我介绍中如何融合并体现出这三要素呢？下面介绍十种自我介绍的小方法。

方法一：故意调侃法

故意调侃法是指在某些特定的场合，以调侃自己的方式来向他人介绍自己。

案例：赵忠贤

大家好，我叫赵忠贤，赵高的赵，魏忠贤的忠贤。虽然这两位都是历史上口诛笔伐的大奸臣，但我却是个老好人。我内心温暖，乐于助人，可和赵高、魏忠贤这两个大奸臣不一样，请大家对我有个好印象。

方法二：谐音法

案例一：张远

曾经“超级男声”这个选秀节目火遍大江南北，连台湾地区著名歌手、制作人包小柏都是这个节目的评委，当时有个歌手名叫张远，包小柏点评他说：“张远，出口成章，源远流长！”

细细想来，这句话说得实在是妙。“张”和“章”正好是谐音，而“远”和“源”也恰好组成谐音，包小柏通过谐音前后对应的方法巧妙地介绍点评了选手，很有新意。

案例二：张杰

如今的张杰可以说是湖南天娱传媒的“一哥”了，在中国歌坛也有一定的影响力。他是通过选秀节目出道一步步走到今天的，他出道参加的是湖南卫视的选秀节目《快乐男声》，当时的评委包小柏也曾对他的名字做出了点评。

包小柏评论张杰："张力十足，截然不同。"这么看来，"截"和"杰"正好是谐音，又恰好能产生谐音前后对应的效果。

看到这里，你们有没有想到这是评委事先就已经策划好的点评呢？他可能早就对很多选手的名字进行了剖析。

由于我们会在不同的场合提到自己的名字，所以我们要重视介绍它的方式。

方法三：位置互换法

位置互换法即把名字里的字调换位置，从而使人加深印象的自我介绍方法。

比如：你的名字叫李南云，你可以这样介绍自己：

"大家好，我叫李南云，我喜欢风景如画的云南。"

方法四：名字释义法

名字释义法即根据你名字的含义来做解释的自我介绍方法。

案例：钱万

我有一个学员叫钱万，有一次他问我："老师，如果我获得了一个奖项，需要在一个大型的颁奖典礼上作自我介绍，要怎样才能吸引别人的注意力呢？"

我告诉他这个自我介绍并不难，就帮他想了一段自我介绍：

"我有千万个理想，但是我选择了这个行业；我可以去千万个地方，但是我选择了这家公司；我有千万的爱，但是我给了千万个一路走来的朋友与伙伴。今天我取得公司千万个信任，收获了小伙伴们千万个掌声，我想对千万个支持我的人说声谢谢你们，我是钱万！"

在一个大型的颁奖典礼上进行自我介绍，时间肯定是很紧张的，但如果像上面这个案例一样进行自我介绍，是不是既简洁又容易让人留下印象呢？

在上面这段自我介绍中，一直运用谐音“千万”对应他的名字“钱万”进行语言表达，这样的表达方式不但简洁，还可以给观众留下深刻的印象。

方法五：故意重复法

故意重复法在上文中也提到过，比如一位学员这样进行自我介绍：“各位小伙伴，我叫汤加文，我的亲戚朋友、我的父母和我的同事都叫我汤加文，谢谢大家！”

借用这种重复的腔调进行自我介绍，听到的人会觉得你本名就叫汤加文，难不成你爸妈和亲戚朋友还叫你其他名字？难不成你还叫张三李四？

利用这种故意重复的方法，听众会感到好奇，从而再达到一种幽默的效果。

方法六：名人联想法

名人联想法即根据名人的名字来展开丰富联想的自我介绍方法。

假如有个人的名字叫“董清”，她的名字跟中央电视台的著名主持人董卿同音，那么她就可以跟别人这样介绍自己：

“我叫董清，但是我今天不主持《朗读者》。我今天来，就是想跟大家见面。”

全中国电视机前的观众朋友对主持人董卿应该都不陌生，这样的自我介绍就很容易让大家记住你。假如你说“我是董清”，然后就没有下文了，那保证会议结束以后别人就不知道你姓甚名谁了。

案例：周国荣

我有一个学员，他的名字叫周国荣，其实他的名字可以和多位明星联系在一起，我给他设计了一个很简短的自我介绍：“各位，请问你们喜欢周润发吗？”

“喜欢。”

“请问你们喜欢张国荣吗？”

“喜欢。”

“我是他们的综合体，我叫周国荣。”

这样的自我介绍就非常新鲜，可以给人比较深的印象。

方法七：场景联想法

场景联想法是让听众通过这个人的名字联想到一个场景，从而记住这个人。假如你的名字叫程群杰，可以这样介绍自己：

“大家好，我叫程群杰。如果你们去野外春游看到一群燕子成群结队地飞，就可以想到我了，我叫程群杰。但是当你们看到一群猪的时候可别想到我啊。”

方法八：万能法则

“万能法则”是什么意思呢？其实，“万能法则”的意思就是任何人都可以用，并且用完都有效果的法则。

如果名字叫李四，就可以说：“我是李四，李四的李，李四的四。”这种方法也比较容易理解。

方法九：故事联想法

故事联想法即说明名字的来源或者编一个关于名字的故事。

案例一：李冬月

我叫李冬月。据我爸爸回忆，我出生的时候正好是一个冬天的夜晚，那天晚上的月亮特别亮，于是爸爸就给我起了这样一个名字。

案例二：徐抗震

我叫徐抗震，震是地震的震。在我刚出生时，家乡发生地震，连附近的山岭都倒塌了。我爸爸为了救父老乡亲，加入到抗震救灾的队伍中。

于是，我母亲给我起了这样一个名字，让我牢记过去，珍惜现在美好的生活。

令人印象深刻的自我介绍可以为销讲者的形象加分，同时也能为销讲者贴上一个独特的标签，因为别出心裁的自我介绍对听众来说是一个记忆点，可以让他们加深对销讲者的印象，这对于打造个人销讲品牌来说是十分有利的。从现在起，给自己想一个特别的自我介绍吧！

3.3 优化自己的人设，从长处入手

许多销讲者经常问这些问题：

“我如何才能将自己的长处凸显在观众面前？”

“我如何在销讲这个舞台上树立自己的‘人设’呢？”

“我如何通过树立‘人设’提高自己销讲的吸引力？”

……

面对这些提问，本人总会根据自己演讲的经验给他们提出一些建议或意见。其实，这些问题总结起来，无非就是他们缺乏对自己的定位，也没有给自己树立核心的“人设”。故此在本章节专门分析“人设”方面的问题，以便给大家解答心中的疑惑。

首先，一起来看看什么是人设。

一、什么是人设

所谓人设，全称为“人物设定”，是指我们生而为人在社会上存在的角色。在心理学上，人设被当作一种“人格”，而在这里，笔者将它作为

人的一种“专属标签”，也就是指现在娱乐圈明星惯用的“人设”。

在娱乐圈里，人设就是对明星的设定，就是经纪公司、明星个人或粉丝赋予在他们身上的专属标签，比如女演员赵丽颖被设定为“吃货”人设、男演员霍建华被设定为“老干部”人设、男演员林志颖被设定为“年轻不会老”人设等。

现在很多的明星都喜欢树立自己的人设，因为只要他们的人设树立得好，就会特别容易获得观众的喜欢，也特别容易吸引粉丝。

所以，本人认为，人设也可以适用于销讲者。

因为在大多数情况下，人设是吸引观众的第一印象，也是观众发现销讲者长处的敲门砖，甚至有些时候，人设还是让销讲者拓展自我的一个方向标。

因此，如果想要在观众面前提升自己的吸引力，或在观众面前尽情地发挥自己的长处，那么你首先应该树立自己的人设。

一般情况下，要树立人设，应从自己的长处入手，才能使用得长久。

二、发现自己的长处并树立人设

古人说过：“黄金无足色，白璧有微瑕”，黄金、白璧尚无完美，何况我们人呢！尽管我们没有达到十全十美的程度，但也还是要去正视自己的长处和短处，并努力挖掘自己的长处，从而拿来好好地加以运用，在适当的时候将自己的长处展现出来。

所谓“天生我材必有用”，相信大家都有属于自己的长处，比如：有的人幽默、有的人博学、有的人机智、有的人口才好等。

如果你要是博学的话，那么你在进行销讲时，就要懂得充分运用这个长处，偶尔引经据典、旁征博引，会让观众对你的印象加分，渐渐地，你的这个“博学”形象就会成为你的人设。

下面，大家看一下这个案例：

在2015年的湖南卫视大型歌唱真人秀节目《我是歌手》第三季总决赛直播现场，歌手孙楠临时要求退赛，直播现场顿时失控。面对这个突发状况，主持人汪涵的做法是，先确认这个情况是否属实，他说："楠哥，我想确认一下，您的决定是经过慎重思考之后做出来的吗？"

得到肯定的回答后，他开始想办法救场，于是他说："那么，现在就由我来控场了，下面我要说的话，只是代表我个人的观点，并不代表湖南卫视的立场。"其意思就是，就算他讲得不完美，也是他个人的原因，跟湖南卫视没有关系。这一步是先做好危机公关。

接着，他说道："我认为自己有很多优点和缺点，好像都打上了湖南广电的很多印记，包括'无事不惹事，事来了也不怕事'……"表明了自己面对这一突发状况的心理状态，告诉观众：他不怕事！

接着，将消息传达给其他歌手，并争取得到全场观众的支持与认可。

……

最后，凭着他的机智和博学，顺利挽救了这一失控场面。

汪涵也因为多次成功处理类似突发状况而被广大观众设定为"机智""博学""好口才"等人设。

其实，汪涵有今天的成就，也是他勤学苦练的结果，使他从最初的"抬桌子"变成今天的"台柱子"。

正如汪涵曾经说过的："很多人一旦离开学校，就不会再读书学习了。其实，不论你从事哪种职业，做什么工作，都可以通过读书学习来帮助自己成功。"汪涵的这句话可以给大家带来启发。

作为销讲者，如果你已经发现自己的长处，那么就可以马上利用长处来给自己树立人设。但是，如果你没有发现长处，该怎么办？答案很简单：那你现在就去培养一项技能，让它成为你的长处，然后在合适的时机展示你的这个长处，进而树立人设。

总之，只有给自己正确的定位，树立正确的人设，才能在销讲台上尽情地发挥所长，才能散发出吸引力，才能获得观众的喜欢。

三、正确利用缺点，为人设锦上添花

如果你觉得自己的缺点毫无用处，那你就大错特错了，所谓“反其道而行之”，就是让你懂得利用逆向思维来审视事物。缺点也是有其积极正面的作用的。有时候，你适当地展现出缺点，反而会让别人觉得你很亲近，毕竟太过于完美的人，总显得高不可攀、遥不可及，容易让别人产生距离感。可见，在有些情况下，正确地利用缺点，反而能给人设“锦上添花”，这也是销讲者应该要借鉴的好办法。

所谓“不管黑猫白猫，只要抓到老鼠就是好猫”，就是说，不管你用哪种方式，用什么办法，只要能为你的人设带来帮助，都是可以的。

四、人设可以产生积极的心理作用

树立人设，有一个好处是显而易见的，就是可以让人产生积极的心理作用。下面，大家来看这个案例：

在还没开始创业的时候，马云是一位优秀的教师，但他知道教学并非自己未来要做的事情。之后，他在经贸委工作了一段时间，接着又参加了亚洲电子商务大会，从此找到了适合自己的职场人设，即互联网从业者，于是他便开始了创业。

马云经常说自己很外向，也热爱挑战，他有时甚至还会表达出一些在外界看来显得极为“狂妄”的言论。例如，在2004年，他说：“我们要实现每天利润一百万”；他还说过“阿里巴巴将是贸易的代名词”等。

马云发出的这些“狂妄”之辞在当时确实引起了很大的轰动，也让更多的人将马云设定为“有野心”“狂妄的企业家”等人设。实际上，工作和生活中的马云是一个非常理性的人。他给自己贴上这些看似“狂妄”的人设，更多的时候反而给他带来一定的积极的心理暗示，促使他不断激励自己努力实现目标。

可见，树立人设可以为我们的销讲事业“添砖加瓦”，成为我们获得观众喜欢的有利“武器”。虽说人设是一把“双刃剑”，但只要我们足够聪明、有智慧，就可以用它“杀”出一条血路来，而不会被它所累。

3.4 自带个人标签，做最好的自己

你想做一个什么样的人，就给自己贴上怎么样的标签，然后再做与之相符合的人生规划。被广大网友称为“罗胖子”的罗振宇在很早之前就已经意识到标签的重要性了，所以他离开央视后最想做的第一件事情就是将自己的“胖脸”露出来。

罗振宇是学识渊博的人，他借助自身的优势打造了个人知识脱口秀《逻辑思维》，让更多的观众认识了他。终于，他的“胖脸”露出来了，他的个人标签也总算确立了。如今，只要有一个网友提到“逻辑思维”，另一个网友肯定会马上回答“哦，那个罗胖子”。

其实，这种自带个人标签的做法和做品牌是一样的，都是要明确区分自己的“属性”，不与别人雷同，同时还能营造好口碑。

信任和喜欢罗振宇的人，会去看他的脱口秀视频《逻辑思维》，也会去支持他“有种、有趣、有料”的口号；无独有偶，信赖吴京的观众也会去看他的电影（吴京的个人标签是爱国、硬汉）；诸如此类。可见，这就是标签厉害的地方：当你信赖一个人，你就自然而然地相信他做的每一件事。

当然，作为销讲者，你可以拥有个人标签，但最重要的是，你一定要做最好的自己！

大家给自己贴上标签，这本身并不是卖弄自我的行为，而是在攀向成功的峰顶中多了一个“垫脚石”。

话虽如此，但观众的眼睛是雪亮的，为了向观众证明你不是卖弄，首先你得将标签与你自己相契合，因为合适的标签才能受欢迎，才让观众有一种“你才有这个标签，别人没有”这样的认同感。

我们可以看看股神巴菲特的案例：

将近半个世纪以来，在投资界，巴菲特一直都能把握好时机，很少有投资失败的经历。对于巴菲特，他的多年投资确实获得了惊人的回报，然而，这让有些专家不敢相信，认为他的投资只是侥幸成功。

巴菲特把自己的成功归结为“专注”。的确，关于这一点，唯一一本股神巴菲特本人授权的“官方”传记作者爱丽丝·施罗德也说过：“他（指巴菲特）只关注商业活动，对那些如文学、艺术、科学、旅行等都充耳不闻——所以，他能够全心投入去追寻自己的激情。”

可见，专注是巴菲特给自己贴上的标签，当然，这标签不是简单贴上就完事了，而是需要自己不断地去奋斗、去努力达到。否则这个标签也仅仅只是镜中花水中月了。

Part 4 销讲如戏，既要入戏，还要靠实力

销讲就像表演，不仅要有打动人心的内容，还要配以饱满的情绪、恰到好处的动作和眼神以及与听众之间的完美互动。如何完成这场表演，就要考验销讲者的“实力”了，能否克服恐惧、调动听众情绪，是销讲成功的关键。

4.1 紧张情绪，松弛销讲

时下流行的销讲，很多人既熟悉又陌生。为什么说既熟悉又陌生？熟悉，是因为很多人都作为听众参与过销讲，有的人也许还自己主持并以一个销讲者的身份参加销讲。陌生，是因为每一次销讲都是一次全新的过程，谁都无法预料到过程的全部，都会如履薄冰。因此销讲者的紧张情绪就会出现。

比如：销讲者一开始进入新的销讲环境会放不开，等渐渐熟悉听众和环境之后，销讲者自然而然就会激发内在的热情，释放个人魅力，与听众互动，成为全场气氛的调动者和控制者。我们会发现销讲者的手开始是下垂的，没有动作，不知道从哪里启动。观众眼里的销讲者很严肃，不太放松。慢慢地，销讲者找到了启动点，开始运用肢体语言来增加自信并拉近距离，但幅度还不是太明显。随后，随着销讲者的眼神、手势、表情等的结合运用，全场气氛越来越融洽。看得出来，销讲者此时已经很放松，但紧张感并不是彻底消失，而是销讲者已经能够很好驾驭自己的紧张感了。

一个松弛的销讲者，肢体语言的运用驾轻就熟，会知道手应该在什么时候抬起，并且能够让手跟随着销讲的过程，像在弹奏一首美妙的乐曲般打动着听众。有些人说，当销讲者的手靠近心脏的时候，说出来的话感觉跟听众的共鸣感更强、距离更近、更能打动听众的心。

一、如何克服紧张小情绪

每一个销讲者都有紧张到无法继续的第一次销讲经历。其实这很正常，没有人生来就是一个熟练的销讲者，而且即使很熟练，也依然会在面对新的观众、新的环境、新的话题时产生紧张感。所以，面对销讲的紧张情绪是一种自然流露，正确对待这种紧张，才能放松自己，适当运用技巧来控制紧张的蔓延。

其实，和很多体育运动员的情况很相似。即使是屡次在赛场上夺冠的优秀运动员，之前可能已经超越了很多选手，但每次参加比赛，听到发令枪响的那一刻，紧张的情绪还是会形影不离。据科学实验分析，一定程度的紧张可以促使运动员兴奋，成功几率更大。因此我们可以说，一定程度的紧张情绪会对销讲者起到帮助作用，而不是阻碍。紧张有时会激发销讲者的潜力，让整个销讲更细致、更严谨。紧张也会使销讲者对于销讲整体的预演更加充分，从而充分考虑到销讲过程中可能出现的各种问题，形成销讲者良好的工作习惯。

既然紧张是一种必然出现的情绪，那么我们需要做的就是把控和克服。人们为什么会紧张？紧张，其实是身体对于某种行为的防御反应，会涉及身体很多功能性调动，对我们的大脑形成刺激，产生很多身体不适。比如：出现紧张情绪时，人们总会口干舌燥，想喝水；有的人一紧张就会频繁想去卫生间。

紧张的时候心态很重要。积极正面的心态会暗示自己一定能行，一定能成功，关于这一点早在科学研究领域就已经有相当成熟的理论。当你紧张的时候会有身体内在的反应，应激反射，告诉自己不要紧张，放松下来，没什么大不了的。这时你真的会感觉比之前放松多了，这种自我调整的方法很实用。

当我们紧张时，首先不要害怕和恐惧，应该正确看待紧张，试图去调整和控制紧张情绪，或许你就能体会到紧张对于销讲的正能量和紧张激发销讲者热情的作用。根据个人多年的销讲经验，面对听众，面对销讲的主题，提前做好预案、调整好自己的状态至关重要。下面给大家介绍几种帮助克服紧张小情绪的妙招。

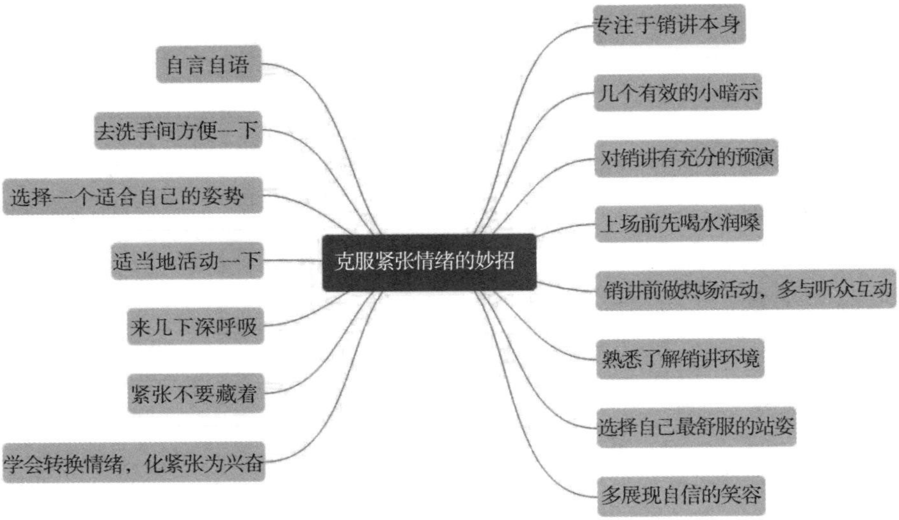

图4-1　克服紧张情绪的小妙招

①**自言自语**

自言自语，就是自己给自己说一些鼓励的话语，对着自己说，不需要别人听见。上场之前，给自己打气："我一定能行！"有很多伟大的运动员在赛场上、在起跑点，都会给自己鼓励的暗示，我们经常会看见运动员暗示的个人风格很强烈，最终目的只有一个，用强烈的肯定认同自己能够超越任何人。销讲者可以在上场前不断暗示自己，跟自己确认，"我的销讲会轰动全场，赢得满场掌声""我一定能成功"等。经常这样对自己说，经常对自己这样激励，就会在无形中变为现实。

②**去洗手间方便一下**

去洗手间方便一下，可能很多人对此不以为然，觉得这是一件很小很正常的事，从而被很多人忽略了。也有些人可能因为紧张，忘记去洗手间方便一下，而是花大量时间背销讲稿。

③**选择一个适合自己的姿势**

当你在上场前去洗手间方便的时候，可以看看镜子里的自己，选择一个适合自己的姿势，给自己一个鼓励。一般来讲，我们更愿意选择一种自由、舒展的姿势，做这个动作的时候，你会很放松，会让你自由想象，摆出各种可爱的造型。研究表明，当你愿意去欣赏自己的身体时，大脑会发出快乐、热情的信号，这样就会把销讲的紧张情绪置之脑后，变成一种享受的过程。

④适当地活动一下

做一些扩胸、伸展的运动，或选择到窗边、走廊尽头透透气，眺望一下远方，放松身心，呼吸新鲜空气。

⑤来几下深呼吸

有的人紧张时会口干舌燥，浑身肌肉酸胀，感觉特别不舒服。这个时候不妨做几次时间稍长、过程较缓的深呼吸，感觉会明显不一样。深呼吸时大量的新鲜空气会进入我们的身体，流动到身体紧张的部位，缓解紧张感。很简单，让我们一起深呼吸。

⑥紧张不要藏着

紧张很正常，人人会遇到，但有些人碍于情面，常常喜欢把紧张的情绪憋着、藏着，怕被人看见。这样反而会让紧张的情绪蔓延，得不到释放，结果更糟。很多事实证明，人一旦进入紧张状态，如果不及时调整，紧张感会无法控制，甚至崩溃。所以现在我们的任务就是遇到紧张情绪时要合理控制，不慌不畏。

⑦学会转换情绪，化紧张为兴奋

科学研究发现，当人们遇到某种问题而紧张的时候，尝试平复心情是很难的，转换情绪反而更容易让自己接受，效果也更加明显。比如：销讲者很紧张时，如果得到听众的互动鼓励，就会极大释放紧张情绪。人们往往更容易看到那些积极的力量对自己的影响，从而忘记紧张的感觉。

⑧专注于销讲本身

当你认为一份精美设计的礼品、一件精心策划的事件会受到观众的喜爱，那时你应该没有太多的担忧和紧张吧！更多的应该是对自己的欣赏和愉悦。同样，我们在对待销讲时，不要先去想那些环境、主题以及听众的反应，我们应该集中精力考虑销讲本身的价值，挖掘销讲的本质魅力，精心设计销讲的内容。当这份销讲大餐呈现出来，你所关注的更多的应该是销讲带给观众的价值，把销讲内容尽情展示给听众。

⑨几个有效的小暗示

上场之前，不停暗示自己："我是专业的销讲者，我能控制局面，这次的销讲我准备得很充分，听众会感觉很好。""因为我成功，所以听众愿意来听我销讲，认为我的销讲与众不同、有价值，有值得花时间学习与分享的价值。""即使销讲过程中偶尔遇到小问题，也能迎刃而解，听众不会感觉不好"等。

⑩对销讲有充分的预演

一个好的销讲者会充分考虑销讲过程中会遇到的各种问题和影响因素，尽量考虑全面，设计完成的销讲内容最好能够进行多次预演和排练。注意情感的力度和时间的把控，最重要的是熟练程度，熟练的销讲带给观众最直接的感受是自信、有底气、有说服力。

⑪上场前喝水润嗓

口干舌燥的紧张谁都不愿意遇到，事先找个地方喝点水，可以润润嗓子，同时也可以舒缓情绪，保持身体正常的功能反应。但也不可喝太多水，或是喝冰水、咖啡和牛奶等，那样可能会产生其他不良反应，所以喝白开水就好。在销讲过程中，最好确保可以及时拿到水。

⑫销讲前做热场活动，多与听众互动

在销讲开始之前，销讲者为了能更快融入销讲环境中，与听众建立一个良性沟通的氛围，可以先在开始前和听众互动一下，倾听一下听众的需求点。这样不仅能有效拉近与听众之间的距离，又能先期了解听众的需求热点，有的放矢，适当调整销讲内容的倾向性，能够更加容易地赢得听众的心。

⑬熟悉了解销讲环境

无论你是拥有多年销讲经验的专家，还是初出茅庐的销讲“小鲜肉”，都应该熟悉了解你所要面对的销讲环境。提前去销讲场所，了解设备使用情况以及销讲方位的选择等，让销讲的节奏掌握在自己手中。

⑭选择自己最舒服的站姿

在销讲的过程中，听众对销讲者的第一印象就是你的站姿，站姿的好坏对听众的视觉冲击很强烈。销讲全程的站姿最好有一个主打的设定，上场前就为自己预设好站姿，提前排练一下，对着镜子感受一下站姿的视觉效果。有了好的站姿，听众才会乐意去听接下来的销讲。

⑮多展现自信的笑容

一个人的笑脸，是会被大众所接受的。在销讲的场合，本身除了互动性以外，多半还具有专业性的诉求，听众更愿意感受到销讲的趣味和快乐，当然需要销讲者本人的灿烂笑容和持续的快乐心情。因此，微笑也是销讲者制胜的有力武器。

上面分享的这些克服紧张的小妙招，希望能够对大家有所用处。紧张是一种正常的情绪，它是可以控制的情绪，同时也是可以好好利用的情绪。

二、正面心理暗示，事半功倍

很多销讲高手似乎很少会谈起紧张情绪的困扰，难道是销讲高手们已经可以将紧张消灭在萌芽状态吗？其实不然。我们发现，紧张如同其他情绪一样，不断强化，只会让你越来越受困于情绪，无法自拔。高手们能够找到适合自己的方法去调整自己，利用身体和心理上的功能反应来克服、来控制。其中，利用正面心理暗示，可以起到事半功倍的效果。

心理学研究中有很多理论和实践，其中有一个很有意思的治愈系方法，它是将你的情绪与语言进行隔离，直至互不影响、互不干扰，同时也达到了消除情绪的目的。比如：有的人遇到紧张情绪就会难以平静，不停地跟自己强调现在的自己是非常紧张的，不知道下一步该如何是好。但心理学研究发现，初期语言的不断重复会强化紧张，但随着语言疲劳的影响，大脑接收到紧张情绪刺激的感觉会越来越弱，这就是语言和情绪分离的结果。

下面，专门介绍几种利用正面的心理暗示来达到放松自己的好方法：

①目光聚焦法

面对千万观众的目光，销讲者难免会紧张，特别是销讲经验不足的“小鲜肉”们。这个时候，不妨先扫视一下观众席，找到一个目光感强、迎合度高、对销讲者崇拜感强、能够让自己投入销讲的焦点观众。这时，就把销讲全程的大部分时间目光聚焦，既表现了销讲者的专注度，又能更好地迎合观众的视觉效果和心理期望。

②自我假想法

有时候，设想的互动并没有达到预期的回应，场面有些尴尬。这个时候我们要自我假想，及时化解尴尬。假想自己能够力挽狂澜，赢得掌声。

③心理安慰法

销讲的准备过程，很多时候很枯燥，需要给自己营造一个轻松愉悦的氛围，来激发自己的热情，给内心一个释放的空间。比如：聆听一首舒缓的轻音乐，翻看一下时尚杂志等。

④分散注意力法

紧张有时候是因为太过专注于某件事情。在销讲开始前，不要再专注于销讲文本，要分散自己的注意力。有意识地去听听走廊里播放的舒缓音乐，看看窗外草坪上嬉闹的小鸟，紧张情绪就会被忽视。

⑤精神加油法

很多时候，正面的心理暗示会给我们一种强大的精神力量，推动我们去战胜紧张的情绪，用积极的心态去面对紧张。比如：“我是销讲高手，听众是冲着我的名气来的”“我的销讲如此精彩，感动了自己”等。

由此可见，紧张情绪也有很多办法可以控制和疏导的，只要你掌握了以上这些方法，你就可以成为紧张情绪的“制服者”了。

4.2 声音、动作和表情联合运用的销讲达人

这里主要想从销讲的声音技巧、肢体语言的运用、时间把控等方面展现销讲成功的必需要素。借助这些表现手段，成为销讲高手指日可待。

一、销讲的声音技巧

一般来说，销讲时听众的感觉不好，有可能是销讲者的声音出了问题，声音太小。我们销讲的时候，肯定要区别于平时交谈，要尽量提高音量。现场的扩音设备，只能提高声音的扩散度，但若是而原本声音的音量不够，音响也爱莫能助。评判声音可以看三个方面：

①第一个是感情、情绪

有句话叫：“声未到情已来。”有些时候，销讲者并没有做充分的准备，销讲也没有经过预演，仓促上场，导致销讲者的情绪酝酿不完整，听众就会感觉销讲者不够自信，精神状态不饱满，热情度不够。因此，销讲者一定要重视感情的运用，只有融入了感情的发声，才是可以打动人心的。

在销讲前，应该熟悉销讲的主题、框架、思想进程，减少即兴发挥的尴尬。同时，我们在预演时要多考虑这些问题，比如：听众目标群体的特点是什么？听众想要得到的价值点在哪里？怎样与听众互动拉近距离？当我们充分思考后，才能让销讲的声音情绪更饱满，更具有穿透力，直抵人

心。有了情感的声音，可以引起听众的共鸣，亲近听众，让听众愿意与销讲者成为朋友。

②第二个是声音的感染力

从销讲者的声音中，最好能感受到积极的热情和轻松愉悦的快乐。只有这样，听众才会愿意花时间坐下来慢慢去倾听你的销讲，你也才有机会去向听众传递销讲的主题。

生活中对于声音的使用，要区分不同的场景，运用不同的发声形式。工作中面对上级领导，声音稍微降低一些，显得谦虚；面对下属安排工作，声音稍微高一点，但不能太过生硬。销讲的声音，最好铿锵有力，掷地有声，富有感染力，而富有感染力的声音需要特别注意语速、音调、停顿等。语速的重要性不言而喻，它决定着表达的清晰度，最重要的是决定着销讲的节奏和时间。那么，恰到好处的语速怎么定义？一般来说，平均一秒钟四个字，大家可以用这个标准来衡量一下自己的语速。对于销讲者来说，时间的把控应该是内功。

销讲者如何控制销讲的节奏？好的销讲者会经常使用停顿和偶尔的重音来形成自己的节奏。很多销讲者的声音很有力，但缺乏适当的停顿，听上去如同机关枪、连环炮，让听众处于持续的激情中，继而产生疲惫的感觉。适当的停顿其实就像一幅精美的水墨画中的适度留白，让听众有空间和时间去想象回味，给听众消化的余地。偶尔的重音则能让整个销讲显得抑扬顿挫、高低起伏、有所侧重，也能迅速让听众集中精力聆听。用重音激发听众的兴趣和热情，并跟随销讲者的思路。

③第三个是声音的气息

什么样的气息是我们所需要的呢？厚重沉稳的气息。如果一个人的声音气息太过柔弱，怎么能清晰地把想法传递给他人呢？厚重沉稳的气息，会让说话的声音表现出淡定从容和自信沉稳。可以运用大家很熟悉的“气沉丹田”，平静地呼吸，嘴唇微闭，鼻腔吸气，微微用力，不急不躁，让胸腔充满空气，整个人是平静放松的，让空气流动到丹田处，再慢慢地用嘴呼气。

二、销讲中肢体语言的配合

互联网时代倡导内容为主，但似乎在销讲的行业里不流行。内容、语言表达、肢体动作等构成了销讲的主要部分，而其中内容这一部分占比还不到10%，肢体动作却占到了超过五成的比重。换言之，肢体动作的最佳配合是销讲成功的基础。本人认为，有的销讲的表现力、感染力甚至超越了内容，让听众念念不忘的可能正是销讲者那极具表现力的肢体语言。

所以，销讲高手一定是很精通肢体语言的人。优秀的销讲必须有肢体语言的设计与巧妙配合。很多时候，我们太注重内容或者语言表达的方式，而忽视了生动的肢体语言。恰恰是肢体语言的表达方式比单纯语言的表达方式更亲民，更容易引起听众的好奇心与兴趣，让听众有继续听下去的动力与期待。肢体语言有很多，比如：站姿、面部表情、手势、眼神等。

视觉冲击从恰到好处的肢体语言开始。当你还没有语言表达的时候，别人对你的感觉都停留在肢体语言上。从肢体语言的内容，了解你的内心想法，进而对你的语言表达已经有了一个初始印象。而说到销讲也是一样，站在销讲台上，听众对销讲者没有太多的印象，只能粗略的通过销讲者的肢体语言来判断。有的是静态的肢体语言，比如站姿，属于长时间静态展示，这时要让听众感觉到开放包容，而不是收敛封闭，同时双眼注视前方。

有的是动态的肢体语言，比如眼神。销讲的过程很长，眼睛一直在动，那么应该怎么控制眼睛呢？以个人的经验，要提前搜索到跟你眼神有交集的听众，扫视一下听众席，找到一个目光感强、迎合度高、回应感强的焦点听众。这时，就在销讲全程的大部分时间把目光聚焦，同时要在适当时候在现场听众群中进行切换，不能轻描淡写的切换，还是要专注于听众，与听众尽可能多地眼神接触。可以由远及近，也可以左右环顾，照顾到更多的听众，要能以最好的状态呈现出来。要给每一位与销讲者眼神接触迫切的听众予以回应，给听众一个微笑也好、给听众一个眼神接触也好。

很多人的内心想法会显而易见地写在脸上，丰富的面部表情也能反映这个人的思想活跃程度。眼睛，或灵动，或深邃，或呆萌，再加上面部其他器官的组合，整个面部表情的表现力可见一斑。

良好的第一印象从脸开始。现如今，更是一个看脸的时代，高颜值时代，人们的社交往往是从一见钟情开始。销讲者的成功，很多时候也是听众的视觉印象占了上风，与销讲者接触机会和接触时间并不多的听众，更多的是从销讲者的脸去了解其内心的想法和想要传递的主题内容，从而产生或好或坏的评价。

就本人而言，经常会在销讲的一开始给大家讲一个有趣的故事，引得全场捧腹大笑，同时又发人深省。而本人标志性的笑容则成为全场听众最难忘的内容。丰富的面部表情也能让听众产生兴趣，降低审美疲劳，比如：有一位经济界销讲达人，他的标志性面部表情就是会睁大双眼看着听众，停顿一下，这就给听众留下了极其深刻的个人印象。

肢体语言的恰当运用，给听众的感觉很真实，如同跟一个好朋友在交流，聆听好朋友的内心故事。而销讲者正是因为合理表达的肢体语言加上精彩的内容，并融入了真实的情感，使得很多时候与听众所产生的共鸣确实可以产生一鸣惊人的效果。

前面强调过销讲者要选定一个自己最舒服的站姿来克服紧张情绪。在销讲的过程中，站姿的好坏对听众的视觉冲击影响很大。销讲全程的站姿最好有一个主打的设定。双腿自然放松，但不能疲软，两只脚最好有个角度交叉，身体微微前倾，整体感觉是自由舒展的状态。

在肢体语言中，使用最为频繁、运用方式最广泛的就是手势了。手势的使用可以给听众一种权威、自信的感觉，还可以有浪漫、激情的表达。每一个手指灵活自如，结合手臂、手腕、手掌，动作一气呵成，不同的语境使用不同的手势，可以起到画龙点睛的作用。手势还具有非常强的个人属性，是个人魅力的有力标签。在销讲过程中，切记不能出现的手势：

一是没有手势，也就是双手下垂，不知道从哪里下手，给人一种很拘谨木讷的感觉。二是双手抱于胸前，让听众产生错误的理解——销讲者不想让听众进入其内心。

销讲者最好自然站立，双手可以交叉放在腹部以上的部位，时而抬手，时而落下。

三、销讲时间的把控

销讲的节奏和时间，对于整个销讲方案的设计至关重要。销讲时间把控得好坏，直接关系到销讲过程能否顺利推进和销讲主题内容的完整性，以及销讲的表现力和感染力。一位知名的央视主播，对于时间把控有着自己的独到见解和能力。他觉得对时间的控制需要花时间来训练，比如：训练自己的语言表达，训练时间不需要太长，就训练一分钟表达，计时。按照正常情况，一分钟可以说 240 个字，应该可以把一件简单的事情完整表达出来。循序渐进，一分钟表达训练好了，再延长到三分钟，表达一种相对复杂的观点。最后，训练的结果是对于时间的把控很准确，并有自己的感觉。准确把控销讲的时间，也能让听众感觉到销讲者的专业性以及在规定时间内完整表达主题的能力。

讲到销讲时间的把控训练，是每一位销讲高手的必经阶段。但“仁者见仁，智者见智”，训练的方法不尽相同，因为成功并不是只有一条道路。上面提到的关于时间把控的训练是其中很有效的一种。科学研究表明，长期训练某单项技能，大脑中的反射区域会更强大，功能会激发得更多。坚持训练，会让销讲者的语言表达能力不断增强，大脑对语言的控制力不断提升。时间把控能力提高、语言表达能力进阶，获得销讲成功是必然的。

其实还有很多细节需要引起重视。销讲前需要对选题内容进行精心策划、准备精彩的销讲内容，对自己的身体和心理都有一个情绪酝酿的过程。销讲前对于销讲场地环境应该提前适应，充分关注和了解，做好设计站位、服装、发型等配合工作。这些完成之后，销讲者还应该预演销讲，花些时间和精力来排练，提前解决销讲中可能遇到的问题。这个磨合的过程，就是自己一步步迈向成功的过程。

4.3 要以情感人，需句句带着情商

情歌能打动人心，能触动内容最深处的那根琴弦，最容易与听歌的人产生共鸣。为什么？因为感情在人性世界里的影响力最大，最能控制人的情绪。而相对来说充满逻辑性的理性思维对于观众的影响力偏弱。所以，在销讲过程中情绪的调动十分关键。

我们经常会听到有人评价对方情商很高，很善于跟听众拉近距离，善于化解生活中出现的尴尬场面，总给人一种春风拂面的舒服感觉。说到销讲，更需要销讲者本身具有很高的情商，善于给听众搭建一个自由开放、包容并蓄的空间。在这么长时间的销讲过程中，听众能始终紧随其后、忘却疲惫、积极互动，那么情感的合理运用就是销讲者最大的功力。

情感的合理运用，把控听众的各种情绪，调动听众的正面积极情绪，需要销讲者不断去修炼。在销讲的过程中察言观色，一旦发现听众对销讲内容不感兴趣，消极情绪开始萌芽，要及时转换情绪。

销讲者经常会用煽情的方法来让听众产生共鸣，效果很明显。最能感动人心的就是情。如同爱情是人类永恒的话题，在销讲者和听众之间建立

联系最有效的媒介就是情感，每一次热烈的掌声，每一个发人深省的故事，其中都蕴含着情感的力量。

因此，销讲者在选定销讲主题、策划销讲文本的时候，可以全盘考虑情感因素的作用，找到那些可以发挥引导情绪作用的桥段，专门设计情感的产生、培育、膨胀、释放等过程，配合内容的传达。一个成功的销讲者，会运用各种技巧来调动听众的情感，真正走进听众的心里，听众才会全身心投入去聆听。

以情感人，以情动人，讲起来很简单，要想做好却不是一件容易的事。就个人而言，每一次销讲都会预演很多遍，这就是在寻找最能激发听众情感的点，让这个情感点放大，捕获听众的心，听众愿意接纳你所有需要传递的思想和内容，就能实现销讲的成功。下面跟大家分享三个常用的技巧，相信会对大家理解以情感人有所帮助。

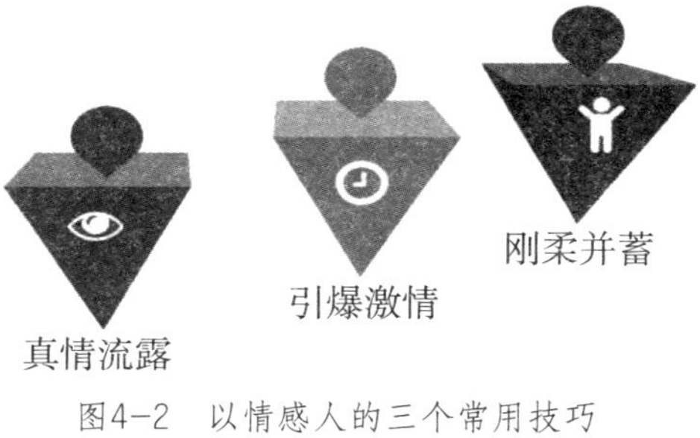

图4-2 以情感人的三个常用技巧

一、真情流露

销讲者首先要真实，言如其人，不要企图用一些虚无缥缈的形式来传达自己都无法认同的内容，真情流露很重要。让听众感受到销讲者的真情实感，会自然而然拉近销讲者与听众的心理距离，让听众不仅愿意去倾听，也期待去表达。

二、引爆激情

销讲者在设计销讲文本时要注重情感的引爆点，也就是在情感主线上的起伏点。只有抓住起伏点对听众的引爆，才能让听众一直保持兴奋的状态。销讲有时候需要销讲者本人的激情释放，但又能准确把握听众的接受程度，恰到好处的爆发，能让情感的撞击达到高潮。

三、刚柔并蓄

情感是一种很神奇的东西，需要时而激情澎湃，时而浅吟低唱，不能平铺直叙，不能持续兴奋。能够轻松拨动听众心底里最柔软的那根琴弦，靠的就是情感节奏的把握。先有情感铺垫，再有情绪的酝酿，从而发展到高潮，情感的爆发，最后有情感的安抚。整个销讲过程的情感运用刚柔并蓄，才能吸引大批听众成为忠实的粉丝。

热情是每个艺术家的秘诀。有时候销讲者也是销讲的艺术家，对销讲的热爱与热情决定了销讲的成功。成功的销讲者懂得去欣赏美好的事物，能够发现生活中的各种美好，拥有像艺术家一样的眼光和境界，才能激发销讲的创作，才能在销讲中以情感人。

很难想象，如果销讲者仅仅依靠只有专业逻辑的销讲主题，仅仅依靠那些灵活生动的肢体语言，没有情感的融入，没有情感的起伏转折，如何跟听众产生共鸣？当听众需要情感宣泄的时候，当听众需要瞬间引爆激情的时候，销讲的其他表现手段都显得苍白无力，认识到情感在销讲中的重要性，才能让销讲出神入化。

下面给大家看一个非常有代表性的案例。

一位著名的表演艺术家在文化情感类节目《朗读者》中有精彩表现，情感的表达炉火纯青，让人身临其境，久久无法平静。她在舞台上淡定从容，朗读的是一篇关于母亲的文章，可以说是这一季最会煽情的人。朗读的内容本身感人至深，她的声音、面部表情、眼神等肢体语言运用熟练，相得益彰。眼神时而坚定，时而模糊，面部表情随着表达内容而转换，随时都能看出情感，无时无刻不在和听众建立情感联系，不断累积，直至密不可分。轻重音的合理使用，也能表达出所要传递的情感要素，有的轻声带过，有的铿锵有力，字字如铁，每一个字都有自己的节奏和情绪。偶尔设计的停顿，也是给听众一个想象的时间，体会情感深处的含义，此时无声胜有声。正是因为动情，以情感人，获得了听众经久不息的掌声，成功架起与听众情感交流的桥梁。

以上三点是笔者根据自己的演讲经验总结归纳出来的，相信关于以情动人还有其他技巧，这就需要大家平时多学习和注意了。

4.4 心有灵犀的提问，才能勾起对方的表达欲

过去，我们看到很多销讲主要以销讲者本身为主导，听众的参与度很低，基本上属于被动接收销讲信息，而销讲内容的记忆停留时间也就很短，俗话说，变成了一朵浮云。真正深入人心的，能在听众中获得好评的销讲，一定要注意让听众主动参与，而销讲中提问的设计，有时候会起到锦上添花的效果。

图4-3 提问的好处

一、提问的好处

①重新聚焦观众，获得关注度

内容繁多的销讲中，突然设计一处提问的环节，语音语调的变化加上声音的停顿，会重新获得观众的关注度，目光重新回到销讲者身上，好奇下一步将要揭开的答案。

②适时转移话题，引发思考

很多时候，观众容易陷入习惯性思维圈，一直停留在销讲主题的自我确定中。在适当的时机，销讲者以提问的形式，可以转移话题，冲击一下观众的固定思维模式，引发观众新的思考。

③主动参与话题讨论，气氛热烈

情绪的调动、气氛的营造，需要提问的导入。一个设计新颖、定位清晰、适合讨论的提问一旦抛出，很多乐于参与讨论的观众会呈现出很大的号召力，形成一种良好的销讲氛围。

④容易获取知识，强化记忆

每一次提问，都会引发思考。只有自己亲自思考的东西，才会印象深刻，对答案才会有更多的记忆。如同爱情，书上写的、电视里演的，都不如亲身体验的来得更强烈。

⑤开启理解通道，容易接受

有时候销讲者希望观众理解某一主题内容，但往往讲的成分太多，灌输的感觉更强，举案例，列数据，但实际上观众似乎还是无法理解。不妨试着加入提问的设计，用一些浅显的问题来一步步解释。这样，观众也愿意去尝试着理解，更容易被观众接受。

虽然在销讲中提问的好处有很多，但是有一些销讲者，在提问的时候，没有考虑周全，适得其反。其失败原因无外乎以下这些：

原因一：频繁提问，观众很逆反。有的销讲者想引起观众注意，或是显摆内容的专业度，一下子抛出很多问题，而且问题都是专业性的，似乎销讲者本身就没打算让观众参与回答，观众索性根本就不关心。

原因二：无法回答，场面尴尬。有的销讲者提出的问题太复杂，不是单一话题讨论，而是需要运用很多相关知识去解释，一下子也难以梳理清楚。这时没有人会铤而走险，在没有把握的情况下冒尖儿。

原因三：过于简单，无人问津。提问是需要引发观众思考的，让一部分观众可以主动参与思考和互动。但有的销讲者对于提问的设计过于草率，提问的方式也过于随意，没有完整地设计提问的结果和效果，自然也无法得到观众的共鸣。问题太浅显，观众会以为销讲者本身就不希望人回答，结果就是无人问津。

原因四：提问者的情商不够。有些问题不是没有人能回答，而是没有人愿意去回答，不知道怎样去组织语言，或者说有的问题带有一些负面的感情色彩。情商不够，没有换位思考，没有站在观众的立场去想，如此提问，只会让销讲者的提问效果大打折扣，影响整场销讲的表现力。

原因五：高高在上，气势压人。有的销讲者故意提高音量去提问，甚至有点追问观众的意思，反而打乱了整场销讲的节奏，让观众一时难以接受。特别是有些问题的设计故弄玄虚，搬出一些高大上的专业术语胡乱堆砌，试图用气势压倒观众，观众则顺势推舟，懒得理睬。

原因六：无关问题，误导观众。销讲的提问需要有的放矢，而不是无中生有、闭门造车。有的销讲者为了增加现场的参与性，生搬硬套了一些问题设计，甚至有的问题与销讲主题根本不沾边。观众听得云里雾里，无从下手，自然不会买账。

二、恰到好处的提问技巧

心有灵犀的提问，才能勾起听众的表达欲。探究提问失败的各种原因后，我们认为恰到好处的提问要做到以下几点：

①语调温和

销讲者跟观众之间的信息交流应该是自然而然的，不矫揉造作。使用平易近人的话语，温和温暖的语调，富有感染力的声音，拉近与听众的距离，如同生活中的侃侃而谈，不拘谨，不回避。

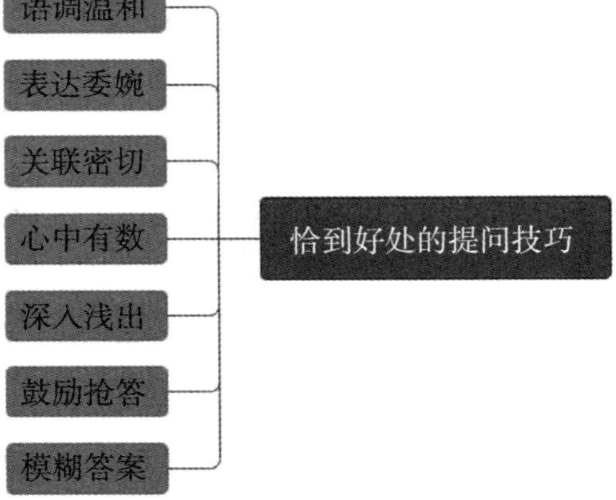

图4-4 恰到好处的提问技巧

②表达委婉

有的销讲主题会碰到一些敏感话题，可以营造气氛，烘托主题。这时候，我们就要多思考语言的表达方式，运用更能让人接受的言辞去提问、去表达同样的意思，让表达显得不那么激烈，不那么偏颇，委婉传达销讲者的信息，观众也能感受到这种委婉从而欣然接受。

③关联密切

关联密切应该算是销讲提问设计的基本原则。主题想表达的是什么？提问围绕主题去设计，这是最应该遵循的路线。即使表面上看似乎找不到联系，但听过销讲者的精彩阐述后，豁然开朗，可以发现提问与主题联系非常紧密。

④心中有数

大多数场合，销讲者提问是希望观众能知道答案，并且在自己的可控范围内。销讲者对于提问的设计与预演，可以清楚判断问题的标准。提问的答案是明确的吗？提问与主题相关性强吗？观众会接受这种提问的出现吗？只有做到心中有数，才能真正把控销讲的节奏。

⑤深入浅出

一个高深莫测的问题摆在你面前，你会有兴趣解答吗？很多人会有三分钟的热情，但随后就会因为遥遥无期的答案而放弃。因此，提问的方式应该是大多数人愿意接受的，此外，简单容易理解的语言表达可以让观众的参与度提高很多。

⑥鼓励抢答

有些时候观众会因为提问设计得巧妙和幽默，积极参与抢答，使得展示自己的欲望得到充分放大。如果销讲者再加上一些抢答奖励，效果会更加明显。即使答案不是很确定，观众也会热情参加。如果回答正确，现场投射来的认同感可以让观众瞬间自我满足，成就感爆棚。

⑦模糊答案

销讲者的提问，有的时候不是为了真正获取观众的标准答案，而是让观众与销讲者之间有这么一个建立联系的平台通道，让信息交流变得更通畅，化解销讲过程中的乏味和枯燥。所以有些提问抛出后，观众各执己见，这时需要模糊答案，但要肯定观众的参与行为。

提问是销讲的必备技巧，巧妙地提问可以让销讲更加吸引人，还可以让销讲者与观众之间的关系更加紧密。所以，我们一定要学会提问技巧，大家在平时应该多学习和摸索，找到最得心应手的提问方法。

4.5 引爆观众，激起对方听的欲望

成功的销讲达人，每一次销讲都能打动现场观众的心，给观众带来前所未有的难忘体验，除了前面说的要运用好各种肢体语言，拥有以情感人

的高情商，恰到好处的提问设计，还有哪些可以挖掘的资源？大量销讲实践证明，设计好打动观众的引爆点和良好的互动也是销讲成功的关键。

销讲要打动观众，不仅需要销讲者口若悬河的表达能力，需要积累一定的销讲技巧，重要的是需要销讲本身的内容鲜活而新颖，再配合销讲者的真情流露。打动观众的引爆点，说起来很简单，但其实真正沉下心来做的并不多，做得好的更是屈指可数。引爆点，不是东一句、西一句的随意拼接，也不是华丽辞藻的堆砌，而是能够在销讲主题的范畴内挖掘深层次的，与大众现实生活、与目标观众联系紧密的，可以产生新思想的，但又能被观众认同的创作根源。当你愿意去思考、去发现，很多灵感就会聚集在一起，串联成一个个生动跳跃的符号，为你所用。

要设计打动观众的引爆点，这个引爆点必须紧密围绕主题来设计。主题是第一位的，没有好的主题，是无法引爆观众的。那么，这里就来简单说一说销讲主题策划，这是我们的思想源泉。这个话题可能让你感觉像大海捞针，没有抓手，但其实还是有章可循的。

一、策划销讲主题的具体做法

①内容贴近生活

举个生活中的例子。如果让一位大学的历史教授和一个穿梭于市井的小商贩一起参加一次销讲，推荐一个产品。那么，你们猜想谁会赢得销讲最后的成功？小商贩赢得了更多人的支持。为什么会出现这样的结果？恰恰说明了本人想证明的一个观点，内容要贴近生活。教授的语言表达能力和思维逻辑能力肯定要高于小商贩，内容的组织和条理肯定也很规范。而小商贩不会在乎那么多规范，他选择了最容易接受的方式来推荐产品，生活化的口吻直抵人心，结果就是人们听后想买，产生了浓厚的兴趣。销讲也是一样，内容必须贴近生活，才能赢在起跑线上。

②主题集中

选定主题可能会耗费我们很多时间和精力，但这都是我们必须做的功课。主题确定后，就不要随意变动主题的范畴，主题的集中程度要高，不要期望选定的主题能够包容太多的领域。如果你准备用一场销讲的时间去罗列太多纷繁复杂的信息，缺乏主题思想的根基，那么大部分观众都会变成看热闹的吃瓜群众，成为看客，完全记不住你所想要表达的内容。就好像人们去参观一个艺术展，如果艺术门类太多，没有限定艺术门类范围，也许你参观后不会有什么特别印象深刻的记忆。但如果是参加一个主题画展，就会特别关注某位画家的画作。因为人们在面对很多关联性不强的信息时，注意力不会持续高度集中。

所以，销讲要想打动观众，引爆观众的热情，选定的主题必须集中，内容必须贴近生活。

即便如此，有时我们还是会看到销讲过程中尴尬的场面，观众总是提不起兴趣、不温不火，整体感觉观众迎合度不高，甚至有些抵触情绪。那么，有了好的开始，如何让观众拥有持续高涨的热情，不会因销讲时间的推移而产生倦意呢？

销讲高手们惯用与观众互动，运用多种表现形式使得观众不是仅仅作为看客、听众，而是销讲的参与者、销讲活动的主角。这样，观众就会保持专注的精神，紧紧跟随销讲的进程，随时准备与销讲者互动，现场气氛也会非常融洽。

二、有效互动的形式

与其说销讲是主题思想的传播，还不如说销讲是与目标受众最直接的交流。互动是交流最重要的手段和工具，能给拉近距离和产生共鸣创造有利条件。成功的销讲，肯定是设计了很多互动形式，从而引爆观众，激起观众的欲望，让销讲者与观众的交流是双向的、互利的。那么，关于互动，这里也想简单谈三个常用且有效的互动形式：

图4-5　三种常见的互动形式

①话题互动

销讲者在事先设计销讲的过程中就要准备几个可以互动的话题，容易引起观众兴趣又不带有敏感题材的话题，预演的时候可以站在观众的角度来判断互动话题的可行性，自己试着与他人模拟讨论话题，自己感觉一下话题互动性的强弱程度，选择互动性较强的话题。

②提问互动

真正深入人心的、能在观众中获得好评的销讲，一定要注意与观众提问互动。恰到好处的提问有时候会起到画龙点睛的效果。每一次提问，都可以聚集观众的关注度，提起观众的热情。我们在设计提问时，尽量多采用简短易懂的提问形式，让观众可以快速做出准确判断。同时将提问设计成选择类，A 还是 B？提问的设计要容易在观众中引起讨论，使得现场反应更热烈。

③游戏互动

很多时候，销讲者会设计一些游戏环节去活跃现场气氛，消除长时间的精神集中带给观众的疲倦感。当然，游戏互动也要慎重，要区别销讲的主题来设计。有些销讲主题不适合采用游戏互动的形式，反而弄巧成拙。一般来说，游戏的内容还是要结合销讲内容来设计，如果两者没有关联，参与者的互动感会差很多，也会对整个销讲主题的认同程度大大降低。

真正聪明的销讲者只说听众想听的内容，他们会深度挖掘听众的需求，引爆听众想听的欲望，听众可以被他们“牵着鼻子走”。让我们当一个聪明的销讲者，用深入人心的话题和精彩的互动来俘获听众的心。

Part 5 做幽默达人，拒绝那些干巴巴的东西

干巴巴的销讲谁都不愿意听，所以销讲者要学会当一个幽默达人，时不时地幽默一下，或者自嘲一下，让自己的销讲变得更有趣。幽默的销讲者既要能逗得听众哈哈大笑，也要懂得掌握分寸，不让自己的玩笑过火，这其中的火候需要小心拿捏。

5.1 不会抖包袱，学学郭德纲

众所周知，在相声界里，只有伶牙俐齿的相声演员才能吃得香，而相声演员之所以伶牙俐齿，是因为他们具备“抖包袱”这个必杀技。这个必杀技在销讲界也是同样适用的。

抖包袱不但要运用好技巧，而且也要把握好分寸，比如著名相声演员郭德纲就是一个很懂得分寸的人，他从来都不会拿熟人或熟人身上发生的事来抖包袱，而且他就算用一些名人抖包袱，等表演结束后他也会向观众澄清，不会让他们产生误会的念头。

因此，个人认为，从郭德纲身上，我们可以学习他的一些抖包袱经验：

一、灵活运用观众的某句话或反应来制造“包袱”

对于演员的作品来说，其中展现出来的不仅仅是演员自身的实力，还有演员的人品和修养。在一个作品里（即一场演出里），规则是死的，但演员的表演是活的。

所以，只有好的相声演员才能“hold”住瞬息万变的场面，郭德纲在这一方面就做得很好，他能够随时拿观众的一句话或一个反应来制造“包袱”，而且每次都能活跃现场，得到观众的满堂喝彩。这种没有固定的风格正是他独有的风格，将他的高情商体现得淋漓尽致。

下面，大家来看这个例子：

有一次，在大家表演得很投入的时候，突然有个观众向郭德纲问了问题，他问道："皇帝死了叫驾崩、诸侯死了叫薨，幼儿死了叫夭折，那仇人死了该叫什么？"听到这个问题，现场的观众无不为郭德纲着急，因为这个问题有些"刁钻"，若是回答不得体，就难免会破坏气氛。不料此时，只听郭德纲慢条斯理地回答道："叫欧耶！"话罢，霎时观众席中响起热烈的掌声，大家纷纷赞赏郭德纲的高情商和机智过人。

二、三番四抖、柳暗花明

所谓"三番四抖、柳暗花明"，就是一种相声包袱中的使用技巧，它有明显的固定格式，采用的方法是引导观众的听觉惯性，将逗哏的某个看法或者意图重复三次，等到第四次的时候突然反转，以此突变的效果来彰显逗哏者原来的看法或意图。

比如下面相声《杨乃武写状》的例子：

A：你父亲叫弟子——更衣，把我的那件红衣服拿过来……图个吉利？不是——打完人溅了一身血看不出来……好狂妄啊！瞧瞧就知道忒能打人！（一番）

B：他就不知道血溅自己身上了也看不出来啊！

A：因为他没打输过啊！每次一上前就噼里啪啦给人一顿乱揍，溅了一身血。下来再换一身，又该我上了，给我拿一件红褂子来……（二番）

B：又换一件红衣服。

A：等会儿又赢了，下来了，就再换件红的！（三番）

B：全是红颜色的，有啥子好换啊！

A：赢了么，溅的全是血啊。等会儿再上来一个大个头儿的，非常壮。你父亲一看：把我那件黄裤子拿来！（四抖）

这种抖包袱的技巧，其前面三番都是为四抖做铺垫的，等铺垫的效果足以点燃高潮时，便陡然反转，从而给观众一种出乎意料的惊喜，如同这个例子的三番“红褂子”和四抖“黄裤子”可谓是神来之笔，真是难得的好包袱。

三、先抑后扬（或先扬后抑）、峰回路转

所谓先抑后扬（或先扬后抑）、峰回路转，就是指演员首先对人或物大声批评（或赞美），然后话锋一转，一刨到底，使结果出人意料，借此让现场反应热烈。这种抖包袱的技巧是郭德纲经常使用的，并且他使用得非常好。

先举个先抑后扬的例子，比如下面的相声《论梦》：

A：阎王爷……大喊：还有那个叫郭德纲的，也带上来，你们两边，刀枪剑戟、火山油锅都准备妥当！（抑）

B：你比我们厉害。

A：我可悲惨了，一上来就直接瞪着我：你叫郭德纲？我说是我。呵，敢说相声啊你？能耐真不小，还敢说单口的？你是要疯了吧！打！刀枪剑戟一起上！（抑）

B：狠打！

A：别啊，阎王爷，您再给我一次机会吧，我以后肯定改！你说改就改啊！你能改吗？我能改啊！……你们两边都过来！搬一个凳子给他坐下。（扬）

B：难道就不打了？

A：我会说话啊……坐下了。阎王爷拿着一碗茶端过来——来你喝我这个茶……来你点一根儿烟……（扬）

前面的阎王爷说“狠打”是抑，后面的“搬凳子、端茶、点烟”则是扬，这种技巧使两方人物的前后境遇形成鲜明对比，其中一方的境遇由“挨打”到“坐凳子、喝茶、抽烟”，地位从低到高；而另一方的境遇由

“狠打”到“搬凳子、端茶、点烟”，地位从高到低。这种方法，郭德纲多用在他自己身上。

再举个先扬后抑的例子，比如下面的相声《富贵图》：

A：这位老前辈——张文顺张先生，可谓是当之无愧的老艺术家了，在相声界里摸爬滚打一辈子了……（扬）

B：不敢当……

A：近期我们准备搞一个大型的纪念活动，为了庆祝相声表演艺术家张先生从艺三周年……（抑）

B：啊？

A：张先生前段时间身体不大好，最近康复了，真是我们相声界的一大幸事，还好病得不严重……（扬）

B：是啊。

A：“非典”、艾滋病、癌……（抑）

B：都活不了……

这种先扬后抑的技巧，郭德纲在自己的相声里使用得非常广泛，他通常都是借助话锋突变来制造包袱，从而达到非常好的现场效果。

四、机关用尽、故弄玄虚

所谓机关用尽、故弄玄虚，就是指演员在讲述时故意埋下伏笔，直至让人觉得不可思议，再巧妙地揭露恰到好处的答案，使观众在笑声中信服。

这个方法也是郭德纲经常用到的，比如他的相声《野人打猎》：

A：呃，看到了，河边上有个美女，正在洗脸呢……儿子指着她看向自己的爸爸。

B：射这个吧。

A：……呃，拿活的。

B：拿活的？

A：嗯，过去绑好了，扛在肩膀上……走回家……儿子哭着喊：爸爸，我饿呀……别闹，回去拿你妈妈炖了……

这种技巧，就是采用设置一个假象为前提，但是两方人物的态度是截然相反的，在这个例子中，儿子在讲述时是以不知情者的身份出现的，而爸爸在讲述时则是以知情者的身份娓娓道来的。

上面介绍的这四种抖包袱技巧，都是本人在观看郭德纲相声表演的时候总结归纳出来的，也是本人在千人演讲峰会上做演讲时运用到的抖包袱技巧。

除了以上这四种技巧，郭德纲的抖包袱技巧还有很多种，比如“表里不一、言行毕露”“文字游戏、谐音错觉”“无心之过、阴差阳错”等。如果大家有兴趣的话，可以通过其他方式查阅学习。

5.2 “损”一下自己，也许能够使人“爆笑”

从本人二十岁开始登台演说到现在，虽然我们做销讲的最终目的并不是为了取悦观众或者纯粹搞笑幽默，但是我们在做销讲的时候，如果能适当加点幽默感，那么将会起到非常好的销讲效果。

当然，幽默的方式有很多种，我们在运用幽默的时候，也是需要注意的，不然的话，滥用幽默只会起到相反的结果。一般来说，自我调侃是一种最为安全的幽默方式。因为“损”一下自己，自己本身并没有什么损失，也许还有可能使观众“爆笑”，所以何乐而不为呢？

一、销讲者稍微“损”一下自己，可以带来一些好处

俞敏洪在演说的时候，经常拿自己开涮。他有时拿自己高考的失利调侃，有时拿自己的学习经历调侃，甚至有时候他还拿自己的失恋经历调侃。无论他“损”自己哪一点，每次都能引起观众的开怀大笑，并且使观众从他的自我调侃中悟出一些道理，从而在他的身上感受到了阿Q精神。

可见，销讲者如是能稍微“损”一下自己，可以带来以下五点好处：

①越来越自信

一般能“损”自己的人都是充满自信的，才会选择暴露自己的“缺点”，并将自己的“缺点”拿来当众调侃。当“损”自己时，若能逗得观众哄堂大笑，那么销讲者自己也会越来越自信，使得销讲的效果越来越好。

②真实可亲

当销讲者暴露自己的一些囧事时，在观众听来，他们会觉得台上的销讲者是一个真实可亲的人，从而在他们的内心产生亲切感。

③幽默风趣

懂得自我调侃的销讲者才会让人看起来幽默风趣，这也是一种调剂现场气氛的好方法。

④安全

销讲者自我调侃比用一些名人来调侃或直接调侃观众更安全，因为这样可以避免触碰到一些人的自尊心或敏感神经。

⑤放松

自我调侃能让销讲者自己放松下来，而且观众听起来也觉得很轻松。

二、自我调侃是销讲者的一种风格，我们也可以学着拿自己开涮

从笔者演说的经验来看，每当在演说台上自我调侃的时候，观众往往都会开怀大笑，显然他们听得饶有趣味，而当笔者一本正经地讲话时，他

们反而显得兴趣不浓。因此，本人发现自我调侃是销讲者的一种风格，拥有它可以让销讲者更魅力十足，在这里建议大家学着拿自己开涮，具体做法如下：

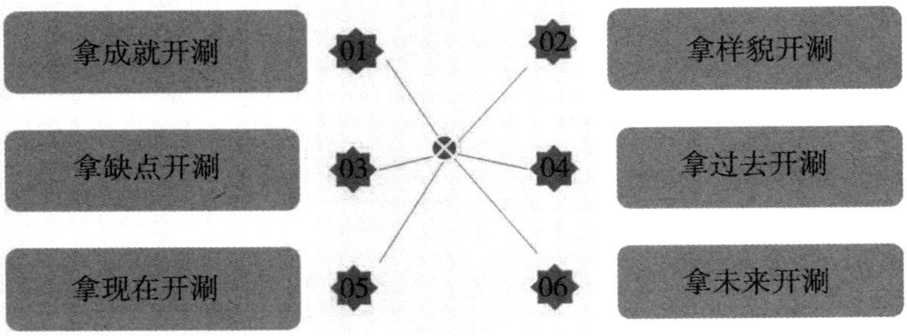

图5-1　自我调侃的六个具体做法

①拿成就开涮

如果你在哪一领域有一定的成就或地位，那么你就适当地通过调侃的方式给自己“降降调”。

②拿样貌开涮

你可以拿自己的光头调侃，也可以拿自己的矮个子调侃，抑或者拿自己的黑皮肤调侃等。

③拿缺点开涮

如果你记性不好，可以拿自己的记忆力调侃；如果你懒散，那么也可以拿自己的懒惰调侃，诸如此类。比如下面这个案例：

其实，自嘲的幽默，就是将自己的缺点通过幽默的方式暴露给观众，这类销讲者往往是非常自信的。我曾经听过这样一场演说，演说者是一个幽默的胖子，他一上台就这么介绍自己：“大家好！我是重量级的演说家。”当时观众一听没马上明白过来，也没鼓掌，接着他就指着自己圆鼓鼓的大肚子说：“大家请看！这是不是称得上重量级了？”这时观众终于明白了，便哄堂大笑起来，同时也报以热烈的掌声。

④拿过去开涮

你可以拿过去某些不尽如人意的地方来开涮，比如你过去的恋爱、工作和旅行等。

⑤拿现在开涮

你可以调侃自己的心情、收入和状态等，因为观众一般都会比较关注你的现在。

⑥拿未来开涮

你可以调侃自己的梦想和未来，适时想象和夸张一下，就会引起不错的效果。

其实，自我调侃是需要销讲者有一点阿Q精神的，还要有一点胸襟和智慧。当然做到完美的自我调侃是非常不易的，所以希望大家平时在生活中多去修炼，以便做到最好。

三、“损”一下自己，应该自带一种令人啼笑皆非的幽默感

①学会开玩笑的方式

这个技巧，就需要你将自己以往最好笑的个人经历收集起来，再选择最贴合你此次销讲的主题的几点，融入销讲的内容当中。当然，用这个技巧的时候，希望大家做到以下三点：

一是让你自己的好笑经历与观众产生共鸣，让他们觉得自己好像曾经也发生过类似的事情，从而使他们感同身受。

二是用幽默的语言讲述自己的疯狂经历，让观众觉得你自带一种令人啼笑皆非的幽默感，从而对你越来越关注。

三是把握好时机，用一本正经的模样配上口里说出的玩笑话，会让观众更觉得有趣。

所以，懂得运用开玩笑的方式进行销讲，才是销讲者最应该要学会的技巧，因为你在演讲台上偶尔讲几句出乎意料的自我调侃，将有可能成为整个销讲的点睛之笔，从而让观众对你产生好感。

②用丰富的表情提升自己的幽默

相信大家都看过明星喜剧竞赛真人秀节目《欢乐喜剧人》，里面每一个人的表情都非常丰富，比如，相声演员岳云鹏的搞怪表情，还有喜剧品牌开心麻花里标志性的“哈哈”表情等。此外，在德云社的一个小品里，郭德纲学相声演员于谦抽烟的表情也足以让观众“笑掉大牙”。我们在进行销讲的时候，也可以采用这种方法，借助一些夸张的表情来演绎自己的情感，进而提升自己演说的感染力。因为当你在演说台上做销讲时，观众不仅仅是听你演说的内容，而且他们还会观看你的表情。所以，建议大家平时多对着镜子练习自己的表情变化，以便今后做销讲时能够通过丰富的表情来帮助你的演说获得更具感染力的效果。

③采用押韵的语言自我调侃

其实在很多相声或小品中都使用了押韵这个技巧，特别是小品节目在做开场的时候使用得特别多，比如这样一个押韵的段子：“吃肉，不如喝汤；喝汤，不如闻香。”我们在销讲的过程中，也可以使用这个技巧，不但能提升我们演说的幽默感，而且还能提高我们演说的内涵。这里希望大家注意两点：一是幽默不是我们的主要目的，二是幽默并非我们天生就有的。故此，大家要不断地去练习才是正道。

虽然并非每个销讲者都天生具有幽默细胞，但是幽默也是可以通过后天学习获得的，本人也不是那种幽默感很强的人，但从意识到幽默可以助力演讲更成功开始，我便马上开始有计划地训练自己的幽默感，如今真的非常庆幸自己当初做了这一决定。

5.3 说人话，说人话，还是说人话

每当笔者在演说台上销讲的时候，总会为自己拥有独特的说话艺术而感到自信和满足。这种独有的说话艺术表现在销讲中的每一个动作、语调和神情都是与众不同的，是属于自己的个性的东西。

“说人话”也包含在说话艺术里，它同时也是我们在销讲中不可忽视的一个重要方面。

这里总结了“说人话”的三个要点与大家分享。

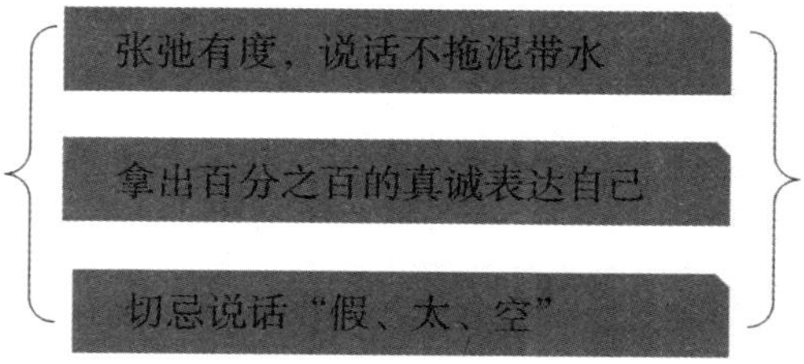

图5-2　“说人话”的三个要点

一、张弛有度，说话不拖泥带水

通常在做销讲的时候，销讲者最忌讳的就是说话拖泥带水。其实要避免自己说话拖泥带水，最好的办法就是确保自己的演讲信息简短而直接，这种办法的操作可分为以下三点：

①表达信息要直接

做销讲时，我们尽可能地直奔主题，让观众更为直接地听懂我们想要表达的主题或想法。但是，往往很多销讲者喜欢旁敲侧击地说话，殊不知这种做法只会更容易分散放观众的注意力。

②用最简洁的词汇

俗话说：“我问你几点钟，你不用告诉我钟表的工作原理。”可见，我们陈述自己观点的时候，使用的词汇或句子越少越好，陈述的过多，反而是一种累赘。很多时候，我们明明可以用少数几句话就能表达清楚自己的意思，但却总是喜欢用过多的词句，甚至是用一些人物、数字和故事等要素堆砌成大段文章来表达自己的观点，这样的做法往往会造成画蛇添足的结果，并且也会直接损害我们的表达效果。

这里，给大家举个例子：

一个只有十几岁的男孩第一次参加舞会，出门时，爸爸对他教导道：“你也许不应该在今晚的舞会之前、之中或之后喝酒。”

请大家看案例中的爸爸犯了哪些错误？首先，“也许”就不应该在这里使用，因为它缺乏说服力。其次，“之前、之中或之后”多余。这个爸爸无非就是想告诉儿子在舞会上不要喝酒，但他却说了这些多余的修饰词语，这样显然给别人一种不果断和不直接的形象。

③明确你的中心思想

我们在做销讲时，切记不要设定多个主题，因为这么做只会分散自己和观众的精力，可能还会使自己陷入“捡了芝麻丢了西瓜”的状态中，这是得不偿失的做法。

所以明确中心思想，然后整个销讲的演说稿都围绕着该中心思想进行即可。

二、拿出百分之百的真诚表达自己

在“说人话”这方面，有一点是非常重要的，就是作为销讲者，我们要拿出百分之百的真诚来表达自己。

我们在做销讲的时候，也要真诚地表达自己的感情，因为真诚是体现一个人的性格内涵、气质修养和知识品味等方面的综合指标。既然真诚如此重要，那么就必要再跟大家介绍一下关于做到真诚的几点方法：

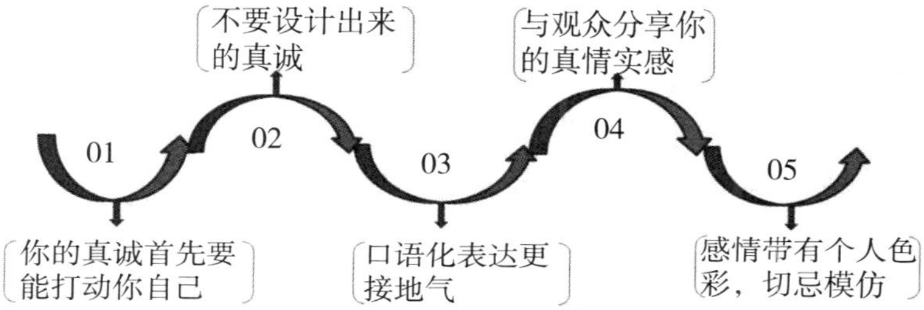

图5-3　做到真诚的五点方法

①你的真诚首先要能打动你自己

销讲的最高境界，就是销讲者能够以表达自己的真情实感来调动观众的情绪，进而感动观众。有很多销讲者为了达到这个目的而采取各种各样的抒情手段，要么大打亲情牌，要么讲自己难过的经历博取好感，甚至有时讲到连哭腔都出来了，但台下的观众却偏偏不受感动。

如果我们也像这些销讲者一样，为了抒情而抒情，而没有投入足够的真诚的话，那么只会让观众觉得我们很假，同时自己站在台上也会显得很尴尬。

所以，我们可以试着问自己：我的演说是发自肺腑的真心实意吗？我的真诚能不能打动自己呢？一旦这些问题的答案是肯定的，这就意味着我们成功的可能性会大很多。因为一场好的销讲，首先需要销讲者有感动自己的激情，感动自己越多，才能越深地感动听众。这就是“由内而外”地去感动，先打动自己，再打动观众。

②不要设计出来的真诚

只有自然流露的真诚才能打动观众，而刻意修饰的真诚只会令观众觉得矫揉造作。所以，希望大家不要出现这样的失误，我们在日常生活中都讨厌别人做作，何况观众特意进场听我们的销讲呢，肯定会更反感这种刻意雕琢出来的真诚。

③口语化表达更接地气

一般来说，真诚的表达是不需要任何华丽辞藻来修饰的，越是口语化的表达，越显得我们更亲近、更自然。

④与观众分享你的真情实感

对销讲者来说，仅仅拥有真诚还不够的，还应该通过自己的真情实感来表达，才能发挥出最大的效果，上面案例中的莫甘娜就是借助“做最真实的自己”这一真情实感来表达自己的真诚，从而让观众觉得她所表达的真诚是言之有物的，而不是虚有无物、浅薄无力的，才能最终受到观众的认可和感动。

⑤感情带有个人色彩，切忌模仿

我们知道在如今这个社会里，有很多东西我们都是可以模仿的，比如：我们模仿别人的穿衣打扮，模仿别人的言谈举止，模仿别人的饮食习惯，亦或是模仿别人的作息习惯等。然而，还是有一些东西我们是无法模仿的，比如人的感情。

每个人都有属于自己的感情经历，这是与别人不同的，所以如果我们想让自己的演说有自己个人色彩，就不要模仿别人的感情，因为不是我们自己亲身经历过的，就算模仿得再好，也只会让观众觉得我们很假。

三、切忌说话“假、大、空”

如果我们戴着面具做销讲，那么一旦被观众听出来或看出来，他们就不会再喜欢我们了。其实销讲是需要我们懂得根据场合讲适合的话的，比如：老年人喜欢听长寿养生的话题，宝妈们则喜欢听育儿的话题等。同时，我们不但要讲适合的话，而且要讲真话，不讲那些假话、大话和空话，这就要求我们做销讲时摘掉面具，并且做自己。

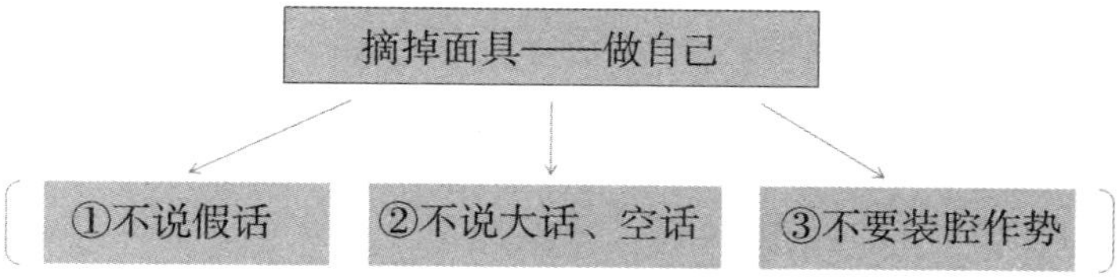

图5-4　摘掉面具——做自己

而做自己，就需要我们按照以下三个方面来学习：

①不说假话

说假话，一旦被拆穿，不但自己很尴尬，而且也会失去别人的信任。作为销讲者，我们要切记一点，就是不要在演讲台上说假话，以免遭到观众的唾弃。

②不说大话、空话

一般喜欢说大话的人，都会给人带来“吹牛”的印象，这种人是最令人讨厌的。销讲者要想“说人话”，就真诚地做自己，能做到什么份儿上就实话实说，这样更容易受到观众的青睐。

③不要装腔作势

装腔作势的人，一旦被别人揭穿，就会马上失去别人的信任。所以，作为销讲者，大家一定要避开这个“雷区”，不要让自己成为一个只会装腔作势的销讲者，因为这只会让我们被观众嫌弃，进而从此失去观众们的信任。

说人话，其实并不难，只要我们做人真诚，待观众真诚，那么观众就会自然而然地喜欢我们，进而关注我们的销讲内容。其实，我们做任何事都不能丢失自己的真诚，因为真诚是我们做成一切事情的“内驱力”。

5.4 即使再正经的内容，也要“不正经”地讲出来

通常销讲的内容大多都是一本正经的，但是面对同样一本正经的销讲内容，有的销讲者就能“不正经”地讲出来，从而更加讨观众的欢心。可见，有时候“一本正经地胡说八道”反而会拉近销讲者与观众之间的距离，营造出一种轻松的现场氛围。

当然，这其中是需要销讲者具有一定幽默感的。那如果销讲者天生没有幽默感怎么办？其实大家不必过于担心，只要按照本书给出的以下八点建议去操作，便能让你成功做到“不正经”地说话。

一、加强销讲者幽默感的八点建议

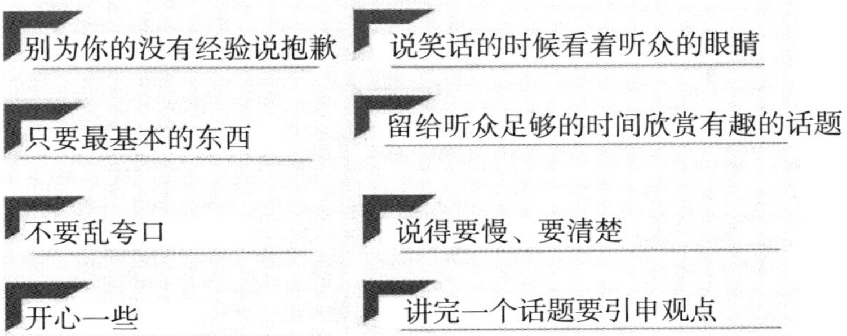

图5-5　加强销讲者幽默感的八点建议

①别为你的没有经验说抱歉

你永远都不要说类似“我没有经验”这样的话，比如“我不是当销讲

者的这块料”“我笑话说得很差，但我会尽力而为”等，因为在你开始说这些话之前就已经毁掉了你的幽默。

②只要最基本的东西

如果我们在笑话里添加过多不必要的细节，反而会让观众失去兴趣。笑话一般只要人物、时间和“笑点”等这几样东西就够了。

③不要乱夸口

在我们开始讲笑话或幽默的话题之前，先不要向观众保证这个笑话很好笑，或者向观众保证这个话题很幽默，避免乱夸口带给自己一些麻烦。

④开心一些

我们在台上要让自己显得开心一些，要露出微笑的面容，这样观众看到了也会自然而然地受到感染，也会跟着我们一起开心。

⑤说笑话的时候看着听众的眼睛

每当我们穿插着讲一个笑话的时候，就略微停留一会儿，然后用眼睛扫视一下全场的观众，此刻进行眼神交流，以便观众更容易理解我们笑话中的意图。

⑥留给听众足够的时间欣赏有趣的话题

如果我们刚讲完一个有趣的话题或笑话，观众还在笑着我们就不合时宜地打断观众，那么观众的笑声一旦冷却下来，想要再次点燃可就很难了。所以，在观众还在笑的时候，要留点时间给他们，让他们慢慢去品味。

⑦说得要慢，要清楚

我们讲有趣话题的时候，语速要尽量缓慢些，尽可能地让观众都听清楚，以免煞费苦心找来的有趣话题，就这么被自己浪费掉了。

⑧讲完一个话题要引申观点

就像我们写完一篇文章之后，结尾必须加入结语一样，即“结尾升华”，我们每讲完一个有趣的话题之后，也要适当引申出一个观点，以此来提升我们的销讲高度。

二、利用很炫很幽默的开场白

①开场白要引人入胜

所谓开场白，就是我们一上台就说的话，其目的就是为了赢得观众的注意。如果开场白不能吸引观众的注意，那么后面进行的演讲内容也就很难吸引观众的关注了。可见，一个引人入胜的开场白是多么重要。比如：你演讲的是关于投资方面的话题，那么可以采用下面这样的开场白：

大家可以想象现在就是2040年，你已经55岁了。你刚刚收到一封信，里面塞着一张10万美元的支票，这可不是你中的什么彩票。而当你意识到在过去的三十年里自己做的小投资终于有了不错的收益时，你不禁嘴角上扬。

大家可以借助这个案例的套路，设计出引人入胜的开场白，以便获得观众的喜欢。

②概述要点

通常我们演说最开始的前几秒内，应该对观众先简单概述一下演说的要点，让观众有个初步的了解，而不是过多地讲笑话或举例证导致离题，将自己的演讲要点抛到九霄云外。

比如，我们可以说："今天我来解答三个投资问题，都是有助于大家理财的。第一，你怎么挣钱？第二，你怎么投资？第三，小钱怎么生大钱？"

③利用幽默

如果我们能将开场白讲得很幽默，那观众的注意力很快就会被吸引到台上来，并且还能马上活跃现场的氛围，比如曾经有一所大学邀请著名学者胡适去演讲，胡适一上台就说道："大家好！我姓胡，我是来胡说的……"经他这么一开口，还没等他讲完一整句话，底下的观众早都已经乐翻天了。

三、幽默使演讲结尾更富情趣

所谓“余音绕梁，三日不绝”，这就是我们销讲结尾所追求的绝佳效果。在花样繁多的销讲结束语中，一本正经的结束语并不令人印象深刻，反而是幽默式的结束语最受观众的欢迎。一般情况下，笔者比较喜欢采用幽默的语言来结束演说。

下面介绍几种具体做法。

①用幽默的语言结束销讲

做法一：省略

有一次，全国写作协会在深圳罗湖区举办年会。在开幕式上，轮到罗湖区党委书记讲话时，开幕式已经进行很长时间了，于是他说：“首先，我代表区政府，对全体学者表示热烈的欢迎。”掌声过后，他停顿一下，接着说：“最后，我预祝大会圆满成功。我的话说完了。”他以闪电般的速度结束了演讲。观众最初一愣，随后便热烈鼓起掌来。

这个案例就很好地体现了省略式结束演讲的好处。

做法二：造势

所谓造势，就是打破正常的演说内容，让观众出乎意料，进而收到幽默的效果。

做法三：概括

所谓概括，这里是指销讲者对销讲主题进行简练概括，巧妙地做到“旧瓶装新酒”“不落窠臼”。

②借助道具产生幽默效果结束销讲

在一次私人拍卖演讲会上，一位老者在结束自己的演讲时说道：

“以上是我近些年来对拍卖界观察所得的几点意见与感悟，下面我将给大家分享一幅失传已久的文化瑰宝，请大家欣赏。”

老者边说边用手从公文包里掏出一卷纸，展开一看，原来是一本皱皱巴巴的小人书。刹那间，引起全场大笑。

这位老者借助小人书这个贴切的道具表演，与他的结束语形成鲜明的对比，显得非常幽默。不但让销讲在笑声中结束，而且还让观众在愉快的氛围中进一步品味他演讲的深刻用意。

简而言之，想要使我们的销讲更风趣、更幽默，我们就应该多向本章所举的案例中的这些“幽默达人”学习，学习他们如何诙谐幽默的演说，以便帮助自己在销讲这条路上走得更远。

5.5 幽默，是演讲者必备的武器

幽默作为生活中的一种润滑剂，它在销讲中同样能发挥润滑剂的作用。销讲者要是能在自己的销讲中巧妙地运用幽默，那么销讲一定能取得非常好的效果。

首先，我们来了解一下幽默的本质。

一、幽默的本质

所谓幽默的本质，就是指奇巧、意外、矛盾甚至错乱，它难以从平庸之中产生出来，因此幽默大师诺曼·霍兰德才会把“不协调的错位”看作是幽默的显著特点。

类似的看法，幽默表演大师卓别林也有说过，他是这样描述幽默的：“幽默就是我们从正常的行为中看到差别之处。换种说法就是，幽默就是让我们从正常的现象中看出不正常的现象。”

尽管幽默有“不协调的错位”的显著特点，但人们还是对幽默抱有一种“积极乐观、友好和善”的共识。就连著名作家哈兹里特也说：“幽默是人与人之间交流的调味品。”甚至著名的马克思主义者列宁还赞赏地说道：“幽默就是健康的、优美的品质。”通过这些说法，我们不难看出人们对幽默还是给予了很高的赞赏的。

接下来为大家介绍幽默的类型。

二、幽默的类型

一般，幽默的类型有以下三种：

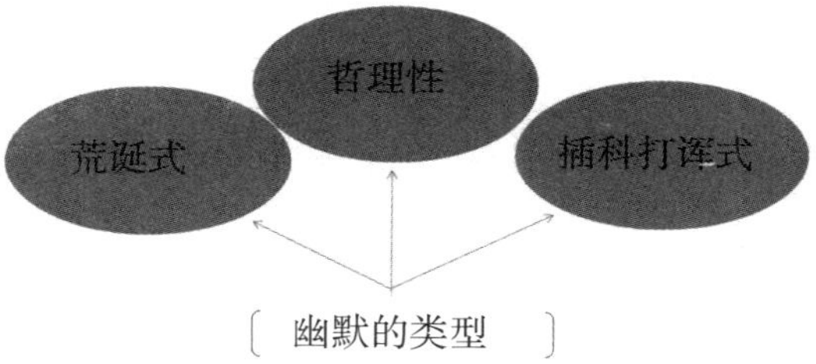

图5-6 幽默的类型

①荒诞式

所谓荒诞式幽默，就是指销讲者在进行销讲的过程中，通过一种出乎意料的独特方式表现幽默，即是一种不受理性束缚而产生的“荒诞”演说，尽管听起来很“无厘头”，但这正能反映出销讲者非同一般的智慧。

好比喜剧天王周星驰在很多电影里的表演一样，他扮演的角色大多都是“古灵精怪”的，他的话风大多是“无厘头”的，正因如此，周星驰才能被广大影迷称为“笑星”。

②哲理性

所谓哲理性幽默，是指销讲者进行销讲的过程中适当地融入一些富有哲理性的幽默，这样做的好处有两个：一是能起到调节现场氛围的作用，二是能发人深思。比如：有位销讲者在谈及机遇与成败的话题时所说："地球是运动的，一个人不可能永远停留在有利的位置上。"

③插科打诨式

插科打诨式幽默比较适用于那些涉世不深的年轻观众，因为他们偏向喜欢轻松有趣的销讲形式。面对这类观众，销讲者可以在销讲中穿插一些具有"娱乐趣味"的内容，这样更容易激发他们倾听的欲望。

三、幽默的作用

销讲者借助诙谐的语言、奇特的方式或有趣的内容来表明自己的观点或看法，往往能取得意想不到的效果。通常，幽默在销讲中的作用有以下三点：

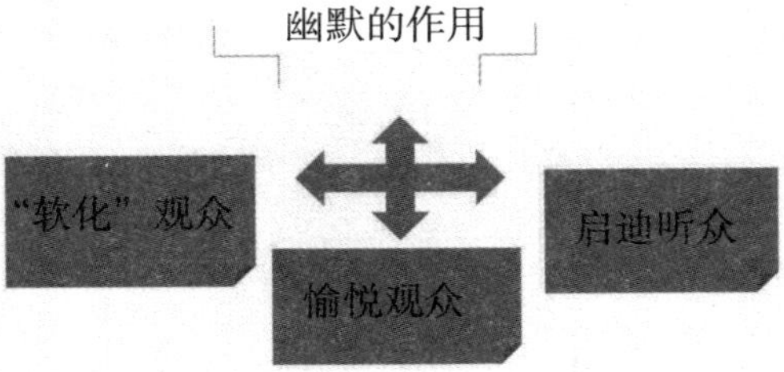

图5-7 幽默的作用

①"软化"观众

幽默除了有"令人爆笑"这个特征外，还有委婉含蓄、词浅意深的特征。销讲者采用幽默含蓄的表达，更容易打动观众的内心，并易于缓和气氛，使自己与观众之间相处融洽。

②愉悦观众

一般来说，幽默的销讲，要么含有喜剧元素，要么具有奇思巧智，销讲者进行销讲的过程中，适当地加入这些因素，必然能让观众在开心的同时又能茅塞顿开。

③启迪听众

如果销讲者善用幽默作引子，那么就很容易让观众在倾听之余对生活或人生进行深思，从而更专注地投入到倾听当中。

四、创造幽默

有时候，销讲者会看到台下观众有昏昏欲睡或低头看手机的情况，面对这种尴尬的场面，我们可以加入一些幽默的语言表达方式，以便调节观众的慵懒状态，进而专注倾听起来。那么，我们该如何幽默地表达呢？一般可以从以下两个方面入手：

①从生活中寻找幽默的材料

凡是实力雄厚的演员，他们在进行表演的时候，多半都会融入个人的生活经验或感悟，从而让观众觉得剧中的角色就是演员本人，比如：演员大鹏，他自导自演的《屌丝男士》迷你喜剧，里面有很多逗笑场景都是他从生活中提炼得来的，而且加入了他的很多真情实感。

我们做销讲也是一样，要想自己在台上展现出来的幽默接地气，我们就不应该脱离生活而生搬硬造幽默，而是应该从生活中找到幽默的材料，这样观众才不会觉得我们是在“尬演”。

②运用联想进行幽默的表达

在生活中，很多外在形式看起来没有关联的事物可能会存在内在的相似点，销讲者要是能够从那些有内在关联的事物中提炼出精彩的词句或哲理句子，便会得到观众的认可。

当然，我们除了懂得创造幽默之外，还应该知道幽默表达上的一些注意事项，这样才能让我们更好地做到扬长避短。幽默的注意事项主要有以下三点：

第一，不要重复说同样的一句话。即便再有趣、再引人发笑的幽默，也不能说太多次，一再重复说同样的话，难免会让观众失去兴趣，甚至还有可能引起观众的反感。

第二，不要贬低别人，抬高自己。俗话说：“不要将自己的快乐建立在别人的痛苦之上。”就是让我们不要拿着别人的信仰或缺点来“幽默”，否则会让人生厌，而这正是我们在演讲台上最不能犯的错误。

第三，幽默不可过于牵强附会。我们在进行销讲时，穿插其中的幽默话题最好与演讲主题有些关联，要是二者没有太大关联，则会给观众一种“离题”的感觉，如此一来，幽默也就无法起到好的作用了。

幽默就像是一种武器，它能够快速“斩获”观众的心。希望大家都能拥有这种武器，以便帮助你在销讲台上创造出属于自己的天地。

Part 6 技巧只是锦上添花的手段，核心是演讲内容

销讲的核心是内容，如果一场销讲的内容空洞、没有思想、没有价值，那么再高明的演说技巧也发挥不了任何作用。内容是销讲的基础，没有内容的支撑，所有的技巧和形式都是空中楼阁。

6.1 你分享给观众的必须是干货、干货、干货

销讲除了要掌握一定的技巧外，销讲的内容也至关重要。可以说销讲的成功与否，与内容有着莫大的关系，也就是说我们分享给观众的内容必须是干货。既然如此，那么我们在做销讲时，要注意哪些问题呢？

一、一场销讲只能有一个主题

一场销讲一般只有十五至二十分钟，最长的也不会超过三十分钟。如果演讲中主题繁多、枝干庞杂，则很难让观众短时间里了解你想表达的中心思想，甚至不知道你在讲什么。比如：有一位运动品牌的销售人员，在一场销讲中他想推荐旗下所有的商品，包括高尔夫球、山地车、网球等等。二十分钟的时间里，他把旗下所有的商品都讲了一通，结果听众一个也没记住，这就是一场失败的演讲。

一场清晰易懂的演讲必须具备单一且明确的主题，演讲者必须对该主题的相关内容非常了解。比如：你选择山地车为主题来演讲，你可以谈谈山地车的挑选标准是什么？什么样材质的山地车会更轻？山地车车胎怎么看？什么样的人适合山地运动？

如果你不能把握你的销讲选题是否过宽，可以先将它写下来，如果超过三十个字你就要思考范围是不是太大了，看看能否再缩小或者精简内容。

二、销讲选题七原则

图6-1　销讲选题七原则

①**销讲选题要有意义**

2018 年 12 月 11 日，数字科学（Digital Science）公司旗下的综合评价系统（Altmetric）选出了 2018 年最受关注的百篇论文，飓风玛利亚席卷波多黎各、虚假新闻泛滥网络等热门话题相关论文均榜上有名。

上榜前十的论文中，关于生命、健康和寿命的有五篇（玛利亚飓风造成的死亡人数、饮酒健康、锻炼与心理健康、膳食碳水化合物与健康、替代疗法治癌影响生存），占了一半；关于环境和生态的有 4 篇（地球的演化路径、太平洋垃圾带正在聚集更多的塑料垃圾、全球变暖改变珊瑚礁群聚、地球生命物质的分布），占比四成；关于真实性和真相的有 1 篇（真实新闻和虚假新闻的网络传播）占 10%。

这些数据说明现在的大众更关心的是身边的事情，你的选题一定要符合现实需要，从提高人们对客观世界的认知和改造能力出发，选择那些大众关心的、最迫切想了解的主题来阐述，从而解决人们普遍关心、急于得到答案的问题。

②**销讲选题要看对象**

在销讲前一定要摸清来听演讲的人的职业、年龄等基本信息。如果是采购商，你的销讲内容一定要放在产品上，比如：产品的定位、产品的特点、原理等。如果是普通观众，你的选题就一定要偏向大众化，比如：一款减肥产品，你可以把选题定在科学减肥方面。总之，一定要选择观众感兴趣的切入点。

③选择自己拿手的领域

如果下面坐了一群技术总监，千万不要让一位不懂技术的销售人员上去演讲，无论你选择什么题目，技术大佬们都会觉得你在科普，会影响你销讲的最终效果。所以，一定要选择自己擅长的领域。

④销讲选题要有积极性

销讲的题目一定要选择让观众一听就充满希望，激发昂扬斗志的内容。

⑤要讲究情感色彩

注意要能激发听众强烈的情感共鸣，最终打动观众。

⑥生动活泼

是否生动活泼取决于主题和内容，严肃的主题就不宜用“活”的题目，一旦用了，反而会冲淡演讲的权威性。

⑦销讲选题忌深奥怪癖

主题不能过于深奥费解，否则会让人看完主题就不想再听下去了。

三、销讲观点五大核心

选定了大方向之后，此时就要确定你销讲的主要观点了。比如：你选择了电动汽车作为销讲主题，那么此时你可发挥的空间还是太宽，你可以再缩小选题，将其定为“电动汽车取代传统燃油车指日可待？”。

到了这一步，你可能涉及一个观点基调的选择：电动汽车能不能取代传统燃油车？“是”还是“否”？如果能取代，是马上能取代还是需要一个过程？这又需要一个答案“是”还是“否”？

图6-2　销讲观点五大核心

销讲观点是整场销讲的“重头戏”，被喻为销讲的“灵魂”，销讲观点有五大核心要求：

①**正确**

观点正确与否是销讲能否成功的基础，原则上必须符合马克思主义世界观，演讲的思想观点必须符合客观真理，符合常识。

②**鲜明**

销讲的观点一定要鲜明，观众一看你的标题就知道你要讲什么，他感不感兴趣。模棱两可、似是而非的内容尽量不要出现在标题中，容易产生误导。

③**集中**

观点一定要集中，围绕主题把问题讲透了，不要让观众自己去琢磨。

④**深刻**

深刻主要指销讲的深度，既要从宏观的角度去分析，又要从微观的角度去分析；既能反映事物的发展趋势，又能反映事物本身。

⑤**新颖**

如果你的观点不够新颖，那么你可以尝试换个角度，换个思路。

四、销讲主题的深度开发

一般来说，一个销讲主题确定下来之后，你可以从多个角度来进行剖析，并进行深度挖掘。

①横向挖掘主题

美国国庆日反奴隶制运动中，宣讲家道格拉斯被邀请发表演讲。国庆日到处张灯结彩，但是黑人奴隶却没有得到应有的“平等”。在演讲中，他首先发问，为什么今天要邀请我来这里发言？我和我所代表的奴隶与你们的国庆日有什么关系？大家欢欢喜喜过节的时候，他们却只能被拒之门外。

他用一连串的发问将主题引到“谴责奴隶制”上，可谓横向挖掘主题的典范。

②站在历史的角度挖掘

有人以《中庸之道》为主题进行了一场演讲。演讲的开始他提到了中庸之道的意思，出自《礼记》第三十一篇，指不偏不倚、调和的处世态度。几千年来，中庸之道对我们日常待人接物产生了巨大的影响，下面演讲者对中庸之道对各个时期的影响简单罗列了一遍。比如东汉郑玄说：“名曰中庸者，以其记中和之为用也。庸，用也。”北宋程颐说：“不偏之谓中，不易之谓庸。中者，天下之正道；庸者，天下之定理。”南宋朱熹说：“中者，不偏不倚，无过无不及之名。庸，平常也。”

但是现在，没有深入研究中庸之道的人拼命对其指责，认为中庸之道让人不思进取、和稀泥，教会人们明哲保身。其实在中华民族几次陷入危难的时候，中庸之道都起到了稳定社会、政治的作用。

③从自身感受出发

从自身感受出发，这种话题挖掘方式非常适合情感类和分享类的销讲话题，用亲眼所见、亲身所感来证明某个观点。

一位工龄三十多年的老狱警分享了三个故事，从三个侧面印证了三个观点：第一，以暴力犯罪的手段绝对换不来幸福；第二，善恶终有报，不是不报、时候未到；第三，狱中的罪犯很多都陷入了深深的后悔和痛苦之中，不仅自己痛苦，家人也痛苦。

④逆向思维反向挖掘

古希腊有一位叫高尔吉亚的“智者”，非常擅长辩论。他在上课的时候夸下海口，说能将“死马讲活”，学生选择海伦无罪的辩论来挑战他。海伦是公元前12世纪希腊著名的美女，她是希腊一个城邦国王的妻子，后来她和特洛伊王子私奔而引发了长达十年的特洛伊战争。

希腊人将这场战争的原因完全归结为海伦私奔的原因。高尔吉亚认为海伦是女流之辈，私奔的背后肯定有不得已的苦衷。他认为海伦出走的原因只能有以下几种，第一，神的指示；第二，暴力所致；第三，被甜言蜜语所欺骗；第四，两个人深深相爱，什么事情都无法阻止。就这样，高尔吉亚为海伦“翻案”，他的论述从逻辑的角度来说还是非常严谨的，当然内容经不起推敲。

⑤对比引发思考

上海一位叫石亚男的人，在20世纪就进行了一次关于国企改革的销讲。在销讲中他提到了一件事情，当时我国一家研究所向西德德马克公司采购一批设备，对方派了两名业务精英来谈判，一个是产品开发部的经理，他是硕士，一个是代理商；而我们的研究所派了一大群人，但是大多是行政要员，不懂技术，最后结果是能派上用场的人不能拍板。他用反面的例子告诉大家，一定要让懂行的人坐在关键的位置。

五、销讲主题的创意

前面讲的都是主题挖掘的方法和思考方向，下面我们来讲讲怎么让我们销讲的主题更有创意。老生常谈的话题并不能带来足够的吸引力，但是只要我们能掌握一些创新思维的方法，就完全可以做出富有吸引力的主题，让听众更喜闻乐见。

①赋予新的内涵

在生活中，我们经常会碰到一些内涵相对固定的谚语和俗语，如果我们能加以创新并赋予其新的内涵，只要能自圆其说，观众也喜闻乐见。

②否定旧观点

曾经有人做过一次主题为《我们不愿做睡狮》的销讲，在销讲中他表示，一头睡着的狮子怎么能成为百兽之王呢？一个名义上的百兽之王，我们为什么还要为之骄傲呢？我们要做真正的强者，醒着怎么都比睡着强。

否定观点的时候一定要注意风险，本着实事求是的态度，不要一味追求语出惊人。

③注意事物的关联性

华为技术有限公司总裁任正非在演讲中曾提到“要提倡思想上的艰苦奋斗”，生活和工作上的艰苦奋斗，大家很容易看到，但是思想上的艰苦奋斗很容易被人忽视，有些人忙忙碌碌，一遇到费脑子的事情他就不喜欢思考，最终只能只知其然，而不知其所以然。他从公司的角度出发，提出高科技企业更应该保持不断进取的精神。

万物总是有联系的，“一生二，二生三，三生万物”。只要谈到一个方面，就可以自动引申到另一个方面，所以敏锐地发现事物的另一方面，就能达到销讲观点的新颖与深奥并举。

六、销讲材料的选择

除了主题要深度挖掘、找到其中的亮点之外，材料作为其重要支撑也要选择好。销讲材料的选择原则有以下几点：

①销讲材料一定要精炼

很多人的销讲就像现在的电视剧一样，恨不得五十集才算起步，七十集到才到高潮，一百来集才完结。这样听众只会听着就想打瞌睡，最后什么也没记住。

材料是销讲主题的支撑，有着印证观点的重要作用。材料的选择一定要为主题服务，否则再好的材料也不能使用在你的销讲当中。一句话，能突显主题、印证的主题的材料就用，否则就要舍弃。支撑的材料可以是自己亲身感受的材料、经过实践证明的材料和观众可能有兴趣的材料。

公元前44年，古罗马的政治家布鲁图斯等人说恺撒大帝是暴君，在恺撒的葬礼上其重臣安东尼反驳了其观点。他提出了三个证据，第一，恺撒曾经在边疆的战争中取得胜利，最后却将战利品充入国库；第二，听到穷人呼喊的时候，恺撒流下了热泪；第三，安东尼曾三次劝恺撒加冕称帝都被他拒绝。这些材料充分说明了恺撒大帝是一个有公心、同情百姓、虚心的好君主。

②销讲材料一定要经典

材料的作用是以一当十、以小见大，所以我们在材料的选择上一定要注意选择最有代表性的、说服力最强的材料。

中国无产阶级革命家陈毅在《代军长就职演说中》为了证明其“人民的军队是任何反动派也消灭不了的”这个主题，选择了两个材料。第一，在大革命失败的时候，朱德总司令带领800名红军上井冈山，现在发展成了50万大军；第二，当年新四军在南方打游击只有200多人，现在发展到9万人。这说明，人民的军队代表人民，就一定会像星星之火成燎原之势。

③销讲材料一定要有针对性

正所谓“因地制宜，因人施讲”。假如台下坐着一群小学生，同样的题目，你肯定要选择浅显易懂的材料来说明，才能调动其听下去的动力。

总结起来有以下几点：

不同的场合、听众，要注意选择不同类型的材料；

听众文化程度如果不高，材料一定要具象化；

选择听众身边的故事，让他们有深切的感受；

要选择能为听众指明方向或者有内心触动的材料；

要注意选择有一定权威性、科学性的材料，让观众信服；

根据自身的特点选择适合自己身份的材料。

演讲材料的收集渠道很多，网络、报纸、图书、亲身经历和身边人的故事都可以作为销讲的材料，平时我们要注意多留意、多收集。美国著名政治家、思想家林肯，只要碰到好的材料他就会用小纸条写下来然后放在自己高高的帽子里，等到有时间的时候再整理到小本子上。现在我们不用放在帽子里，存在手机里是个非常可行的方法。

6.2 用故事把你的思想和情感植入听众的大脑

为什么百年的企业难有，但是千年的寺庙却常在？为什么宗教可以传承千年、生生不息？其核心就在于宗教会讲故事。无论是《圣经》还是佛教经书，里面都有很多或很美或很经典或引人深思的故事。

很多人不喜欢听道理，不喜欢听别人的指挥，不喜欢别人告诉你该做什么不该做什么。但是故事不同，一个道理你可能听很多遍也不能理解，但是故事你却能记住，而且能深刻理解其中的道理，甚至有人还喜欢把这个故事讲给别人听，就这样口口相传。宗教的教义就是靠着这样的方式广为流传。

故事有着很奇妙的魔力和异乎寻常的穿透力。故事传递着信息和希望，故事能传达那些只能意会不能言传的深层次意义，故事让听众在不经意中就收获了经验。越是伟大的人越是讲故事的高手，一个故事可以打动人心，可以影响团队的士气，激发他们的热情和干劲，拧成一股绳共同努力。

美国军事家麦克阿瑟有一次来其母校西点军校参加授勋仪式，即兴演讲的时候，他提到早上他走出旅馆的时候，看门的人问“将军，你这是要去哪里？”当看门的人听到自己要去西点军校的时候，马上竖起大拇指，表示那是个好地方。

这个简单的故事，说明了西点军校在人们心中崇高的地位。

已故的著名牧师康惠尔是个讲故事的高手。康惠尔曾为了筹建大学而进行演讲募捐。刚开始的5年，整天到处奔走却筹措不到1000美元。有一天，他看到一个园丁正在打理花园，就问道："为什么这里的草长得不如别家教堂周围的草那么好呢？"

园丁回答道："那是你没有把这里的草和别家的草相比的缘故。"是的，我们常常羡慕别人家的草地长得那么茂盛，但是却很少打理自家的草地。随后，他恍然大悟，在后来的演讲中，他以这个例子佐证"如果没有努力工作就不要抱怨事情没有向自己希望的方向发展"。

此后的演讲中，他又讲了一个故事。一位农夫有一块地，每天日出而作，日落而息，虽然辛苦但是日子过得也很滋润。后来，他听说只要找到金子就可以一夜暴富，过人上人的生活。他心动了，卖了地而去四处找金矿。

最后当然是什么也没找到，囊中羞涩的他在一个夜黑风高的晚上跳海身亡。讽刺的是买他这块地的人，在地里散步时无意发现了一块异样的石头，竟然还闪着光芒。原来这是一块矿石，农夫的这块地就是一个矿脉。农夫坐拥宝藏却去到处找金子，最后一事无成。康惠尔最后在演讲中表示，财富也需要一双会发现的眼睛，它属于自己去挖掘的人、属于相信自己的人。

"钻石宝藏"的演讲康惠尔讲了七年，每次都取得了很好的效果，共筹得800万美元。这笔钱已经大大超过了建一所大学的需要，之后他完成了心愿，这所大学就是宾夕法尼亚州费城的坦普尔大学。

《新民晚报》曾经发表过这样一篇文章，一个四年级的小学生，每天书包里都会有一个父母剥好的鸡蛋。有一天，父母因为比较忙就没剥，这下孩子就没法下口了。晚上，父母见到他原封不动带回来的鸡蛋，问他为什么不吃？他回答道："没找到缝，没法吃。"这是一个关于培养孩子独立生活能力的反面例子。

这个例子被四川的周光宁用到了《救救孩子》的主题演讲中，有细节并且就发生在身边，所以演讲效果很好。

有一个刚入大学的学生在演讲课上做了一次题为《当我走进大学校门的时候》的销讲。销讲中他提到了一个关于阿里巴巴的故事，当然这个阿里巴巴非马云的阿里巴巴。“当时在阿拉伯有一个传说，有一个神奇的山洞藏着40个大盗偷来的所有财产，但是洞门只能靠一句咒语打开。结果阿里巴巴无意中知道了这个咒语，打开了宝藏之门，成为和马云一样的富豪。”他用这个小故事引出了来到大学就像走到了知识的殿堂。

如果你能够用故事来激起听众的好奇心理，那么你的销讲就成功了一大半。

《星期六晚间邮报》曾经发表过两篇类似的报道，一篇的开头是这么写的：尖锐的枪声打破了沉寂；另一篇则是这样写的：七月的第一个星期，多佛市的蒙特危石旅馆发生了一件不大不小的事情，引发了经理高贝尔的很大兴趣，于是他向旅馆的所有者斯代夫·法拉第以及斯代夫旗下的旅馆的经营者通告了这个发现。此时，距离斯代夫到各店巡查只有几天的时间了。

然后读者就很想知道到底是什么不大不小的事情，是什么事情引发了高贝尔如此大的兴趣，它吸引着好奇的你，想知道答案，想把一切都搞清楚。

对于普通观众来说，长时间理解抽象的观点是很难的，将故事、事例穿插其中，除了调节气氛之外，也能帮助听众尽快理解。

但是在讲故事的过程中，一定要慎用“听来的”故事。为什么？因为这种故事雷同得很厉害，假如一个雷同的故事被众多销讲者当自己的故事讲，就会影响听众对其可信度的认可。再者，如果这个故事是有人刻意杜撰的、是假新闻，你在自己的销讲中传播势必也会产生不好的影响。

此外，在销讲过程中千万不要长篇累牍地讲故事，这样会让听众昏昏欲睡。总之，故事一定要选经典的，故事就像饭，吃得太多听众也受不了。

6.3 有料、有种、有趣的内容，才能留住观众的魂

在销讲的过程中，你可能时常碰到一些尴尬的情况，此时千万不要气馁，幽默是你最好的武器。

一、巧用幽默

有人说，销讲的过程中谁的笑声最多，掌声最多，谁的销讲就最成功。有时候笑声来自一个搞笑的段子，有时候来自一个滑稽的动作，有时候来自幽默的语言。

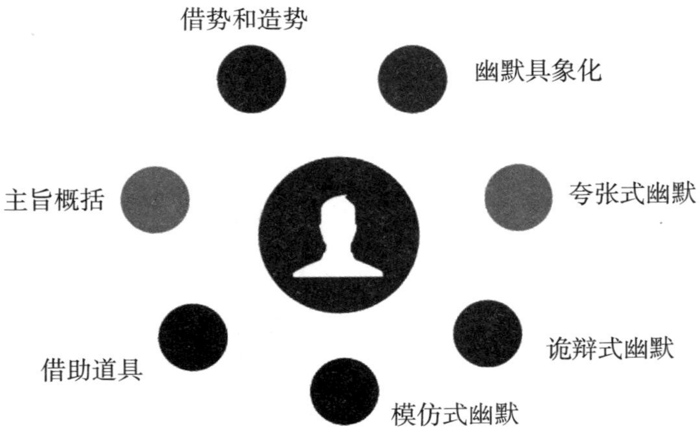

图6-3 幽默语言的方式

先谈谈幽默的语言，有以下几种方式可以借鉴：

①**借势和造势**

大家都知道老舍是一个很幽默的人，有一次演讲中，他在开头的时候提到今天他要给大家讲六点重点内容。接着，他就第一、第二、第三的讲了下去，当讲到第五个问题的时候他发现时间所剩无几了。接着，他提高嗓门，来了一句，“第六”。

当大家很焦躁地想怎么还有的时候，他说了两个字“散会”。听众刚开始以为自己听错了，最后给予了热烈的掌声。老舍通过第一到第五的造势，然后到第六点打破常规，出乎观众的意料，收到了幽默的效果。

②**主旨概括**

某学校组织了一次欢送毕业生的茶话会，几位主科的老师纷纷向同学们表达了祝贺，也对同学们提出了希望，他希望同学们毕业之后也不能放弃学习。随后潘教授朗诵了一段高尔基《海燕》，叮嘱同学们要向海燕一样敢于拼搏。

最后，在大家的殷切眼神中，王教授在毫无准备的情况下被请上来讲几句。他讲了四句话，第一句，祝贺大家顺利毕业！第二句，希望同学们不要忘了“学习再学习”。第三句，希望大家像海燕一样勇敢的生活，不断进取。第四句，希望大家不要忘了学校，忘了老师，有时间多回来看看。

其实王教授只是将之前教授们的话做了主旨概括，只有最后一句是他想说的。可谓旧瓶装新酒的模式，他机智地化解了没有准备就临时上台的尴尬，也表现得风趣、幽默，极具个性。

③**借助道具**

别看鲁迅先生在每张照片里都显得一脸严肃，特别是竖起来的短发好像时时都在批判。其实有时候，鲁迅先生也很有幽默细胞的。有一次，鲁迅先生来到上海中华艺术大学演讲，他提了几点对于美术界的建议之后，假装将手伸进长袍里，掏出一张卷纸，大家都以为这是什么大师的佳作，最后发现是一幅丑陋的月份牌。

鲁迅先生借助美术学校这个高雅事物与丑陋的月份牌进行了对比，其中的深意大家在笑声中就可以品出。

④幽默具象化

这种方式比较适合销讲的内容比较抽象、难以理解的时候。

有一次，孙中山先生在广东大学给同学们讲民族主义，让学生们理解什么是民族主义确实比较困难，所以孙中山先生先讲了一个故事。

他说当年他在香港读书，看见很多苦力围在一起聊天，还时不时传出笑声，所以他凑上前去想听。后来才得知，原来有个苦力非常擅长记住马票上面的号码，他就将马票藏在日常挑东西的竹杠里。

后来，他真的中了头等大奖，以为可以买房买车做点小生意，从此以后再也不用过出卖劳动力的生活了。他来到江边，把竹杠扔了，想告别现在的生活，结果发现马票在竹杠里，而竹杠顺着水流走了。

竹篮打水一场空的故事很多，但是配以孙中山先生的幽默表达足以为销讲增色不少。接着，孙中山先生回到了主题，民主主义就是这根竹杠，任何时候都不能扔。

幽默要具象化，要言之有物，形象生动，让人回味无穷。

⑤夸张式幽默

大家还记得《百万英镑》的作者马克·吐温吗？他不仅是小说家还是演讲家。有一次他坐火车去一所学校讲课，可是火车开得太慢了，如果按这个速度开下去他肯定会迟到。所以，他想了个办法泄愤。他买了一张儿童票，当列车员过来检票的时候，他把儿童票递给了他。

列车员也有点幽默细胞，就打量了他几圈，然后说：“真看不出来您还是个孩子呢？”马克·吐温反驳道：“我现在已经不是孩子了，但是上车的时候是。”

马克·吐温以此来吐槽火车开得太慢，慢到足以让一个孩子长成大人了，这种夸张式幽默的效果引得大家笑弯了腰。将事实无限制的夸大就是这种幽默方式的精髓。

⑥诡辩式幽默

有一次有位记者问英国现实主义戏剧作家萧伯纳：“乐观主义者和悲观主义者最大的区别是什么？”这是一个很大的问题，如果解释起来恐怕三天三夜也说不完。萧伯纳是这么解释的，当一瓶酒还剩一半的时候，乐观主义者会说，看还有一半的酒，悲观主义者则刚好相反，就只剩下一半了。萧伯纳的解释可能有点以偏概全，但是这种幽默的方式让人回味无穷。

著名的“白马非马”就是一种诡辩，它“歪曲”的解释，造成一种不和谐、出乎意料的效果，从而产生幽默感。

⑦模仿式幽默

有一位女教师，上课总爱板着脸，所以很多学生都不喜欢她。有一天她上课提问：“‘要么给我自由，要么让我去死’是哪位大师说的？”下面鸦雀无声，一会儿一名学生回答道：“巴特利克·亨利 1775 年说的。”回答的是一位日本学生。这位老师说道：“你们长在美国，美国著名大师说的话，你们却答不出，而是一位日本学生答出来了，你们不觉得汗颜吗？”“把日本人干掉！”一位美国学生喊道。女教师很气愤，“谁说的，给我站起来。”沉默了一会儿，一位学生喊道：“老师，这是 1945 年杜鲁门说的。”

这位学生模仿了老师的提问和回答方式，将旧的句子放进了新的语言环境中，形成幽默感。

二、幽默禁忌

在销讲当中，幽默感可以有，但是过度了肯定会适得其反，所以在采用幽默来表达自己的观点时一定要注意以下几点：

①内容忌粗俗

粗俗的幽默内容能引来一时的笑声，但是笑过之后听众会觉得销讲者很低俗，难登大雅之堂。所以，内容健康、格调高雅的玩笑才能给对方留下启迪和精神上的享受，同时也是你身份和素质的体现。

有一次，美国钢琴家波奇到一个礼堂举办自己的钢琴演奏会，但是当他上台演奏的时候，他发现有一半的座位是空着的。所以，他幽默地说道："城里人真有钱，每个人都买了两三个人的座位。"于是礼堂响起了一阵笑声。

②注意对象

生活中，每个人的身份、性格、心情并不相同，所以开玩笑一定要注意对方的承受力。有时候，一个玩笑可以与同学开、与朋友开、与同龄人开，但是不能对长辈开。

一般情况下，下级不能开上级的玩笑，男性不能开女性的玩笑。在开玩笑的时候，一定要注意了解对方的性格和情绪。对于偏外向的人，比如销售人员、负责市场开拓的同事或者做广告创意的同事，只要玩笑不太过分，一般大家笑笑也就过去了。但是如果是律师、公职人员或者会计、建筑师等比较严谨的职业，开玩笑一定要慎重。

总之，在销讲的过程中一定要注意区分听众，如果是公职人员的会议，开玩笑一定要谨慎。

③注意场合

一方面，在庄重的场合一定不要开玩笑，特别是发言人还是总统的时候。另一方面，注意千万不要在重要场合发表有种族歧视、侮辱女性、宗教信仰、歧视同性恋或老人等有争议的笑话，要避免侮辱和讽刺他人。

④无关的幽默请不要强讲

很多人为了活跃现场气氛，强行讲一些笑话，其实和主题一点关系也没有，一连串无关的幽默讲完之后，一半演讲的时间过去了。销讲的过程中，每个故事、每个幽默都应该有助于提升主题的表达。

此外，有些幽默的段子要随着观众的变化而变化，或者在幽默段子的表达过程中随时改变表达的习惯。

三、幽默感怎么培养

①从含蓄开始

幽默首先应该从含蓄开始，最高级的玩笑是让人回味而不是直观的表达。

萧伯纳的一位朋友请他吃饭，想让萧伯纳为他弹钢琴的女儿美言几句。所以，当萧伯纳一到他家坐定后，他女儿就开始弹奏钢琴，但是萧伯纳一直一言不发。后来他女儿坐不住了，但是又不好意思直接问，就说道："不好意思，没打扰到您吧？"萧伯纳回答也很幽默，他说："没关系，你弹好了。"

他的弦外之音估计只有慢慢琢磨了才会知道，但是这种幽默、含蓄的表达方式，正好化解了现场的尴尬。

②靠想象和联想

幽默有时候需要靠想象和联想，所以平时我们必须广泛研究各个名家的幽默作品和民间经典的幽默段子，来增强自己的艺术敏感度，训练自己的联想、重构和想象的能力。

幽默没有现成的模式可以参考，正因为没有现成的模式，所以有无限的可能性。

Part 7 赢得人心，再难缠的听众也能顺利说服

想要成功说服听众，就要先赢得他们的心。了解，是说服的第一步，只有充分了解听众的真实想法，分析他们的需求，才能做到有的放矢。严密的逻辑能让听众心服口服，数据和事实永远都是最有力的证明，只要掌握关键点和技巧，说服就能顺理成章。

7.1 知己知彼，了解和分析听众

演讲并不是存在于我们头脑中某种观点的表达，更不是一篇简单的演讲稿。演讲不仅仅是我们将内容传输出去，听众单方面接收到相关信息的过程。它的意义在于我们与听众之间的交流可以通过演讲来完成。演讲永远不可能是单纯意义上的侃侃而谈，它还包括在整个演讲过程中听众的反应和评价。

所以，我们在演讲的过程中，要时刻关注听众的反应，了解和掌握听众非常重要，这也是我们在进行演讲时最重要的环节。

一、了解和掌握听众

①观察听众的反应

演讲并不是我们单方面的内容输出，听众也必须有接收信息的强烈愿望。我们在进行信息传播的时候，如果听众表现出反感情绪，那么我们的演讲就失去了对象，演讲也就毫无意义可言。

②抓住听众的心理

我们演讲的目的就是说服听众改变态度或采取行动，使自己的观点让人信服。这就需要我们在进行演讲前了解听众的心理，了解听众的内心需求，抓住听众的“痛点”，有针对性地发表自己的观点，这样的演讲才能被听众所接受。

③唤起听众的主动性

我们不能把听众简单定义成被动接收者，其实他们应该是演讲中的积极参与者。当听众对你演讲的内容十分感兴趣时，就会表现出非常积极、热情的态度；如果他们对你演讲的内容不感兴趣，就会表现出一副冷漠的态度，这样的演讲就毫无价值可言。

所以，我们一定要牢牢把握听众的内心需求，激发他们的兴奋点，并主动参与，这样的演讲才是成功的。

二、听众的六种类型

听众没有固定的类型，根据文化层次、年龄阶段、社会背景等多个元素存在着千差万别的特性，所以针对各种不同类型的听众，如果都选用统一的内容，显然是不合适的，这就需要根据不同类型的听众群体，有针对性地进行演讲。为了便于把握演讲主题，我们可以把听众划分为以下六种类型。

图7-1　听众的六种类型

①组织被动型

组织被动型听众就是通过强制命令或手段将听众组织到会场中，这种类型的听众，受到纪律的约束，被强制性地带到演讲会场，心态还没有完全转变到听演讲这件事上。他们虽然坐在会场中，却根本无心关注演讲者表达的内容是什么，态度非常消极，只是简单做一些附和或机械地鼓掌等。

②随机偶成型

随机偶成型听众就是被你的演讲打动，而随机过来的临时听众。这种类型的听众类似于街头围观杂耍的观众，他们被演讲者的生动内容所吸引，也跟着围观过来，继续听演讲者发表演说。这种听众的特性就是很随意，来去自由、不受约束，他们只是因巧合而成为听众。我们的演讲内容如果能紧紧抓住这部分听众的话，就是成功的演讲；倘若吸引来的听众听了几分钟后就很快离开，那就说明我们的演讲很失败。

③自然转变型

自然转变型听众就是原本是另外一个群体，突然转变成为你的听众。比如：正在火车站等车的人，或正在证券交易厅的股民，或正在旅游的团体游客等，这群人彼此之间并没有过多的联络和关系。他们彼此之间并不熟悉，当有一个演讲者出现的时候，他们会有一种主动迎合的态度，愿意去倾听演讲者的内容，这类听众可以维持较长时间的注意力。

④积极反应型

积极反应型听众就是志趣相投的一个群体，他们可以是同一个社团的成员，或是俱乐部组织的成员，或是某个偶像的粉丝群体，或是我们的忠实听众。这种类型的听众，往往与我们保持高度的一致并积极配合，是我们最贴心的一类听众。

⑤求知学问型

求知学问型的听众就是对演讲值期望较高的人，他们目的很明确，想从我们的口中听到自己想知道的知识和信息。这种类型的听众具有涵养高、专注力强的特性，他们交流欲望强，能积极配合我们提出的各种需求。只要演讲者能满足他们的求知欲，就会对演讲者心存感激和佩服之情。

⑥**情绪对立型**

情绪对立型的听众普遍存在对利益关系、政治态度、立场和观念上的对立这种特性。这个类型的听众通常很极端，只认同自己的观点，在演讲中很容易做出具有威胁性的反应，不仅对演讲者的观点不认同，有时候还会与某种派系的听众形成对立面。在这类人中做演讲，最容易产生激烈交锋性的对话形势。

以上就是我们大致概括出来的六种听众类型，对不同的听众类型要采取不同的销讲方式。总之，要真正说服听众，就要不断地抓住听众的内心需求，找到与他们的共鸣点，讲他们想听的内容。

三、听众的心理需求

我们总说要抓住听众的内心需求是关键，那么听众的心理需求有哪些呢？归纳总结出以下四点，供大家参考。

图7-2　听众的四个心理需求

①**满足求知欲**

“学到老、活到老”说的就是人只有通过不断的学习，才能增长知识，充盈人生。但是我们每个人会因为社会背景、文化程度等各种因素的不同，对自己所追求的知识有着很大的差异性。比如：有些人对自己职业方面的专业知识比较关注，有些人对自己兴趣爱好方面的知识很敏感，还有的人不仅注重自己领域内的知识，还希望扩展视野，获得更多更广泛的新知识等。这些听众内心所需求的知识不尽相同，我们当然不能笼统概括并混为一谈，我们准备演讲词时，就需要以大多数听众的愿望为依据，并以尽可能地满足不同层次的共同需求为目的，从而选取最合适的演讲材料。只有这样，演讲才能抓住听众内心对知识的渴望，才能获得听众的积极认同。所以，作为演讲者，我们要加强自身的文化、道德修养，提升自己各方面的才能，让自己的演讲达到一定的高度。

②满足自尊心

每个人都有自尊心，并希望受到他人和社会的尊重，每个人都要维护自己人格尊严，绝不允许遭到任何人的侮辱和指责。特别是现在的青年听众，为了在社会上有自己的立足之地，努力工作，想尽快实现自身社会价值，希望自己的工作、人格得到社会的充分肯定。

所以，我们在演讲的过程中，一定要抓住听众“渴望被肯定”的心理，应当尽量满足听众自尊、自爱的心理需求，避免任何指责、讽刺、挖苦等话语出现，更不能当众宣扬别人的隐私。当听众的自尊心得不到维护时，听众就会出现负面情绪，以消极的态度面对你的演讲，甚至还会发生破坏现场秩序的糟糕局面。

③追求理想道德

人不是孤立存在的个体，生活在社会现实中，就不可避免地会接触到各种各样的人，然而每个人对道德评判的标准又不尽相同，所以在我们的生活中总会出现一些邪恶、奸诈、丑陋的事物，这些事物并不是我们对崇高道德理想的向往，人们更愿意看到正义、忠贞、善良的东西。所以，我们在演讲的时候，必须立场鲜明的宣扬崇高的道德精神，强烈指责不道德的思想行为，对于英雄模范给予高度赞扬，坚决斩断一切邪恶势力，从精神层面与听众保持高度一致。

④满足审美需要

人们对于美好的东西总是爱不释手。美好的现实生活不仅能愉悦身心，还能使人们获得新异美感的体验。所以我们在演讲中注入美的因素，就能使演讲变得美好起来，从而让听众获得美感享受。听众审美的对象包括环境、内容、演讲者的肢体动作及语言等多方面，我们要抓住演讲中的每一个细节，尽量达到听众的审美层面，以满足他们的审美需求。

受价值观的影响，听众对演讲的内容和形式最为关注，审美要求最高。不过每个听众都有自己审美的评判标准，对于同一个演讲，你认为好的，他可能认为并不好。虽然每个人存在审美的差异性，但是从听众共同审美的需求来看，达到愉悦耳目、愉悦情感、愉悦理智这三种不同层面的审美需求，就是我们最应该追求的审美高度。

虽然会有不同层次的听众，但是只要我们牢牢抓住他们的心理需求，做到有针对性的满足他们的心理需求，就不仅能让听众获得满足感，也能激发我们的演讲热情。

7.2 巧用数据、案例，让销讲更有说服力

销讲的关键是什么？销讲关键在于取得听众的信任。只有当销讲内容具有信服力时，听众才会听任于销讲者。否则，销讲内容就会贻笑大方。

那么，如何才能获得听众的信任呢？方法与技巧有很多，但最有效、最直接的方法是采用旁征博引的表达策略。旁征博引即采用数据与案例让观众信任，让销讲更有信服力。

然而，数据与案例也不是万能的。数据与案例能够增强销讲的信服力，同时也容易让听众感到乏味与枯燥。那我们如何才能把数据与案例表达得生动有趣，如故事情节般引人入胜呢？具体要做好以下几个方面。

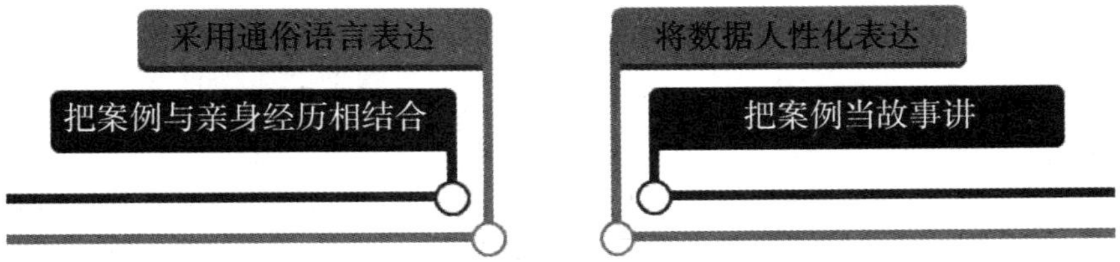

图7-3　用数据和案例增加说服力的策略

一、采用通俗语言表达

在一般人的印象中，数据给人的感觉是专业而晦涩的。但在销讲中，怎么让这些晦涩难懂的专业数据变得吸引人呢？这就需要销讲者用最通俗的语言将专业知识表达出来。毕竟，销讲的受众多为普通听众，只有说出他们能听懂、易接受的话，销讲才能达到实际的效果。

那怎样才能说出听众们听得懂的话呢？这就需要销讲者采用口头语言与书面语言并重的方式来表达。虽然，在一般人印象中，相较之书面语言，口头语言往往通俗易懂、灵活多变。但在数据的表达上，恰恰相反。数据在书面表达中是很容易读懂的，而在口头语言表达中却让听众觉得不知所云。因此，这也给销讲者提出了很大的挑战，要求销讲者尽量避免直接使用书面数据，而是采用更通俗的话来表达，唯有如此，听众才能明白销讲内容里数据的作用。

美国著名的销讲大师安东尼，一次在华盛顿的销讲中，妙用数据而取得了相当好的效果。

安东尼在销讲开头用数据吊足了人们的口味。他说："有一部电影被誉为'全世界最畅销'电影，这部电影1994年发行，在互联网电影资料库（IMDB）当中被超过160万以上的会员选为50佳片中的第一名，并入选20世纪百大电影清单。”

听众马上被这些数据所吸引，聚精会神的等待下文。安东尼继续说道：“这部电影发行后，几乎每一位看过的观众都对它赞不绝口，它所取得的成就是世界公认的，甚至被很多学校列在‘必看的影片’清单上，它还被翻译成30多种语言在全国各地畅销。它主要阐述了一种精神：救赎。”

这时，销讲台下不少人已经猜出答案了。安东尼给出了肯定的答案：“没错，这部影片正是《肖克申的救赎》。”

安东尼用这种循序渐进的方法引导听众进入销讲状态，主要依靠数据的灵活运用。如果安东尼在销讲开头没有抛出具体数据，则难以让听众信服《肖克申的救赎》的畅销度。如果安东尼没有灵活运用数据，那么则难以提起听众的兴趣。

二、将数据人性化表达

在销讲中合理运用数据，是再常见不过的表达方法。但是数据往往给人枯燥乏味的感觉，这就要求销讲者在运用数据时，要运用人性化的方式表达，才能给让听众留下生动直观的感受。

有些销讲者可能会认为，数据只有直观运用，才是最准确、最具有信服力的。这种说法具有一定的合理性，但它忽略了一点，即销讲的听众是否能接受这种直观枯燥的表达方式。如果观众反感数据的直接运用，就不会认真听。那么，即使这些数据再精确也是毫无意义的。

更何况，销讲的听众大多来自各行各业，若是直接运用数据销讲，恐怕难以达到预计效果。即使是专业听众，也不见得会喜欢一连串的数据。因此，成功的销讲者往往采用人性化的表达方式，让数据生动而亲切，来提高听众的接受程度。从另一方面来说，将数据用人性化的方式表达，对销讲者来说，也大有裨益。销讲者无需大费周章的去记忆那些乏味的数字，而可以采用更为有趣的方式记住，然后传达给听众。

三、让案例与亲身经历相结合

作为一名销讲者，除了会在数据的运用上遇到难题，还会碰到案例这个笑面虎。比如：在引用案例时，一些案例虽然经典、代表性强，但是人尽皆知，这样就会让听众失去耐心，以至于难以达到销讲效果。但是，换个角度思考，如果我们将案例与生活经历结合起来，效果会如何？且不说不用担心案例的重复性，仅依靠在表达生活经历时所融入的真情实感，相较之单纯的经典案例，给听众的感染力是完全不一样的。

因此，销讲者要学会将案例与自身经历结合起来，将自己的人生经历融入案例中。当然，销讲者要注意的是，在融入时要平稳自然，切不可以强行植入。融入得越自然，越能提高说服力。

诺贝尔文学奖得主莫言，在演讲上也有很深的造诣。在演讲中，莫言十分擅长用引经据典的方式，来描述有趣的故事，通过故事与听众分享他的写作经验。

莫言曾经在一次主题为《讲故事的人》的演讲活动中分享了他的演讲经验。莫言提到，现在很多人写东西都爱追随潮流，什么东西新鲜就写什么，别人写什么就跟着写什么，这样写出来的东西没有一点真情实感，实在难以让读者引发共鸣。

销讲和写东西一样，要有真情实感，否则，假眼泪只能欺骗自己。比如：在某些销讲比赛上，总是有很多参赛选手提前背销讲词，然后上台销讲的时候就尴尬了，或多或少的紧张因素，让销讲者把内容讲得支离破碎，完全不能带动起全场氛围。甚至有的销讲者竟试图让自己掉眼泪来感染听众，无疑这么做就更尴尬了。连自己的眼泪都是假的，别人怎么哭得出来呢？

所以讲案例要有真情实感，将自己鲜活的人生经历当作案例来讲，是很容易引发听众共鸣，从而获得听众关注的。此举效果虽好，但很多人的人生经历有限，不足以支撑起销讲的内容。这就需要销讲者多一些人生历练，来丰富销讲内容。

总而言之，旁征博引是赢得销讲的重要策略，通过在销讲内容中灵活加入数据与案例，来有效提升销讲的可信度，同时在听众心中留下一个好印象。

四、把案例当作故事讲

相较之讲案例，成熟的销讲者往往更爱讲故事。这是因为故事趣味性强，不仅能引发听众的兴趣、给听众留下深刻印象，还能在现场和听众互动，活跃销讲现场氛围。

实际上，案例与故事有很多共通之处，比如：案例与故事都需要由人来演绎，讲案例的时候，不妨像讲故事一样，将人物讲得栩栩如生，那么案例也会随之鲜活起来。这样一来，观众也会越来越爱听案例。

说到底，案例之所以有些被听众排斥，问题在于案例的呆板与无趣。若是把案例像故事一样绘声绘色地讲出来，观众的注意力也会随着跌宕起伏的故事情节而渐入佳境。当然，保留案例关键内容的真实性是非常重要的，这样案例才能更有说服力。

7.3 循序渐进，用逻辑说服听众

在循序渐进的表达策略中，遵循销讲内容本身的逻辑是重中之重。正如同世界上万事万物都有自己的逻辑顺序，要想在销讲中体现逻辑的顺序，就需要像顺藤摸瓜一样，顺着逻辑顺序的藤，摸到最终结论这个瓜。

在一般情况下，逻辑顺序是固定的，但是在销讲中，我们可以试着做出一些突破。每个人独特的逻辑思维，可能会排列出不一样的逻辑顺序。毕竟，每个人成长与受教育的背景不同，认识事物的角度也会不同，逻辑顺序也会不同。作为一名销讲者，关键是要能用自己的逻辑思维去感染甚至改变听众。

不过也要记住，无论一个人的思维与逻辑有多独特，都要遵循事物客观规律。销讲者只有顺应逻辑联系、尊重客观规律，才能根据某一件事情的前因后果引导出某一类事情的客观发展规律。

销讲者需要从以下几个方面来把握顺藤摸瓜的策略。

一、用听众的逻辑说话

在销售产品中，我们往往最先考虑的是目标用户群体的感受。在销讲中也是如此，我们需要考虑听众的逻辑思维，用听众的逻辑思维来说话。而销讲的听众往往是来自各行各业的人士，并不具备专业的文化素养。因此，在销讲中忌讳用生涩难懂的专业知识去表达。销讲者应该从听众的角度出发，用听众的语言去表达，用听众的逻辑去沟通，才能与听众之间形成有效互动，才能取得好的销讲效果。

用听众的语言说话，物理学家爱因斯坦可以说是运用得炉火纯青了。曾经有个人在爱因斯坦的演讲中问道："爱因斯坦先生，您的相对论非常深奥，难以理解。您能用我们普通人的逻辑讲给我听听吗？"爱因斯坦有趣地回答："相对论就比如把一个人置于轻松愉悦的环境之中，这个人会感觉两个小时就像十分钟一样飞速流逝；而同样把这个人置身于监狱之中，这个人就会感到十分钟像两个小时一样难熬，这就是相对论。"

可能这并不是一个新鲜的案例，但对于销讲来说，却有极强的借鉴意义。销讲者不能沉迷于自己的逻辑思维，应该跳出自己的专业领域，用听众的逻辑思维去表达，才能获得听众的认同。

销讲者可以像爱因斯坦那样，将高深莫测的专业知识转化为日常生活中的常识，这样才能使观众迅速理解。否则，销讲者一味地坚持用晦涩的专业知识表达，就会让听众会觉得不知所云，甚至引起听众的反感，导致销讲失败。因此，用听众的语言去为大众解释专业事物，这是销讲者的专业素养之一。

二、用简单明了的逻辑讲话

销讲往往有时间限制，毕竟观众的耐心也是有限的。那么，要想在较短的时间里将销讲内容都说清楚，对销讲者的语言和逻辑都提出了很大的挑战。尤其当销讲者表达观点时，单纯的内容输出是下策；让听众跟随销讲者的逻辑走才是上策。销讲者讲到哪里，观众的逻辑就会跟到哪里；销讲者的清晰逻辑牵动着听众的心，听众愿意耐心听销讲者慢慢讲述他的人生，在倾听中听众就会不知不觉认可销讲者的观点。

在销讲的过程中，有的销讲者可能会担心听众不能完全理解他所表达的意思，因此会将一个观点反复阐述。这么做会让听众觉得十分啰唆，进而失去听销讲的耐心。因此，针对这种情况，销讲者要充分准备销讲资料，将复杂的事情拆分成几部分来表达，这样就可以让听众迅速理解与接受。

其实，只要销讲者自己有清晰的逻辑，顺着逻辑讲话，听众都能明白其表达的意思，但前提是逻辑不能乱。逻辑存在于我们日常生活的方方面面，并不遥远。销讲者把逻辑归纳得越简单清晰，听众的接受与认可程度越高，因此，销讲者一定要有逻辑简化能力。

三、推理分析要深刻

生活有时就像一部悬疑推理剧，事实与真相就掩藏在扑朔迷离的乱象之中。这就需要销讲者用严密的逻辑思维一一拨开迷雾，去探寻事物的本质根源。当销讲者把听众当作朋友，将销讲当作与朋友分享与交流的一种方式，就会觉得销讲的过程就像与朋友探索事情本质一般美妙。

人们与朋友聊天时，总是会就加入一些小“八卦”来调剂，而对于销讲来说，小“八卦”可以有但绝不能过多，毕竟，谁都不愿意大费周章来听一场毫无价值的讲座。当销讲者在进行社会现象的分析时，听众是乐于接受的，这些鞭辟入里的分析往往能解答听众在日常生活中所遇到的困惑。销讲者要用自己严密的逻辑思维将事物本质呈现给听众。

销讲的过程如同销售产品一样，了解顾客需求是第一步。在弄明白听众需要什么、关心什么的问题后，对事物进行深刻的分析，然后将分析的精华之处与听众分享。正如一千个读者有一千个哈姆莱特，听众与销讲者对事物的看法肯定有不同之处，但是真理越辩越明，越讨论才能越接近事物的本质。亦如同剥洋葱一样，只有一层层地剥开外皮，才能让看到其内里掩藏的真相。

四、答疑解惑要明白

当了解到听众的需求之后，就需要将分析的过程和结论与听众分享，从而让听众受到启发，明白事情的全部真相。在销讲过程中，我们可以采用更有趣的讲解方式，一步步诱导观众去探知真理，毕竟听众能听明白才是最重要的。

曾经有一位销讲大师，在一场关于讲解开口音与闭口音的讲座上，采用故事的形式来表达观点，取得了非常好的效果。这位大师以京韵大鼓演员的发音来举例：京韵大鼓的演员都有着标准的发音，但有一位女演员因为事故缺失了两颗门牙，所以，她与别人交流时，会尽量使用闭门音来沟通。比如，别人问“你住在哪里呀？”“保安府。”“你多大啦？”“十五。”“你贵姓？”“姓吴。”“你是做什么的？”“唱大鼓。”而当这位女演员把牙补好之后，她就爱用开口音了。比如，别人问她住哪儿，她会回答“城西”；问她年龄，她会告知“十七”；问她姓氏，她会说姓“李”；问她职业，她会说“唱戏”。

这场销讲轰动一时，观众在笑声中弄懂了什么是开口音，什么是闭口音。这场销讲的成功就在于销讲者用故事的形式娓娓道来，使听众明白他所表达的内容。

在循序渐进的表达方式中，要求销讲者不仅要具备严密清晰的逻辑思维，还要有以一推百的技巧。让听众通过一些典型的案例，获得思维的启迪，之后才能化解明晰一系列的社会问题。这样也能使听众明白销讲者的结论是大众化的，并不是仅仅针对某件事，如此也能使听众重视销讲者得出的结论。

采用循序渐进的方式引导观众，像顺藤摸瓜一样，顺着事物自身规律来获得结论。从本质上说，顺藤摸瓜就是为了让听众明白，销讲者所表达的观点是经得起实践的检验的。

7.4 掌握四大技巧，顺利说服听众

演讲就是通过自己的言论或观点来改变他人的想法和态度，简单来说，就是说服别人，让别人认同我们的观点。在现实生活中，我们需要说服的对象很多，比如父母、朋友、上司等。甚至遇到对自己实施犯罪行为

的坏人，我们也要保持镇定，运用巧妙的说服技巧，希望能劝他改邪归正、回头是岸。

在生活中，我们不可避免地会遇到要去说服人的情况，只要我们掌握技巧，就可以轻松说服别人。为此我们必须掌握以下几种技巧。

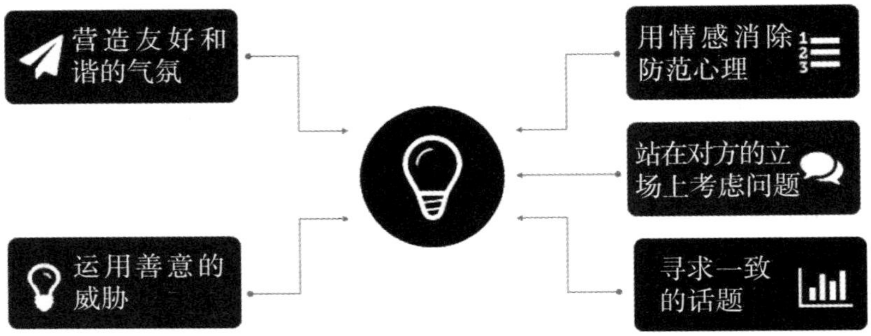

图7-4　说服听众的技巧

一、营造友好和谐的气氛

在说服的时候，要调节好谈话的气氛，好的气氛会起到事半功倍的作用。试想一下，如果你总是用一种盛气凌人的架势来说服人，只会让对方有一种反感情绪，人都是希望被尊重的，你要说服我同意你的观点，就要以一种平和委婉的方式进行，这样不仅能让气氛变得友好和谐，也维护了别人的自尊，会让他心服口服。

有一位中学老师刚刚接手了一个班的班主任工作，还未来得及跟学生熟悉起来，就接到校方通知，要他组织班上的所有同学参加平整操场的劳动。

起初，学生们并不理会老师的安排，纷纷躲在教室里不出去，这个老师并没有用强制性的命令来要求学生去参加劳动，而是运用了自己的小妙招，他笑着对学生们说：“外面太阳光很强，大家都很聪明，知道现在干活太热。”

刚一说完，学生们便七嘴八舌地说，确实是天气太热了。紧接着老师又说："没关系，那我们就等太阳下山了再干活，我们先玩一玩吧。"学生一听就乐了，趁着学生这股热闹劲儿，老师还专门去买了几十根雪糕给他们降温。在友好和谐的气氛中，学生们从心底慢慢消除了抵触情绪，开始接受老师的安排，不等太阳下山就把操场平整好了。

二、运用善意的威胁

人都会有恐惧心理，适当的逼迫可以增加这种恐惧感，从而达到说服的目的。

一个导游带了一个旅游团，晚上大家风尘仆仆的赶到预定好的酒店后，却被酒店前台告知没有热水。全团游客都表现出强烈的心烦和不满，导游为了尽快找到解决方案，约见了酒店主管。

导游："这么晚把您从家中请过来，实在是不好意思。但是现在大家都满头大汗的，不洗澡怎么行呢？我们之前一直在您这里预订酒店，从来也没有发生过这种情况？您说怎么办？"主管："目前的解决办法就是让大家先去集体浴室洗澡，坚持这一天，明天就好了。"导游："好的，我可以说服大家暂时克服一下困难，去集体浴室洗澡，但是我们得说清楚，既然我们一晚的房价是100元，如果没有热水提供的话，这跟青年旅舍有何区别，那房费就应该降到70元。"经理："那肯定不行啊，房费都有统一的标准，再说你们这个已经是团体优惠房费，不能再降了。"导游："OK！那您给我们提供热水吧！"经理："锅炉工暂时来不了，我也没办法提供。"导游："那您总得给个解决办法啊，您既不让降房费，又不提供热水，难道让我们这一大群人在这里耗着吗？游客们已经表示强烈的不满了，那您去给他们解释一下吧！"最终，主管打电话叫锅炉工务必尽快过来，大概四十分钟后，每个房间的浴室里都有了热水。

这就是利用逼迫的手段，增强了说服力。我们在具体运用的过程中，要注意以下几个关键点：第一，表示态度要友善，切忌咄咄逼人；第二，清晰表达可能造成的后果，以理服人；第三，掌握好威胁的度，不要因过于强势而激起别人的反感。

三、站在对方的立场上考虑

投其所好站在他人的立场上考虑和分析问题，能给他人一种被重视的感觉，运用这种方式的时候，我们要"知己知彼"，提前了解对方的个性和需求，然后才能站在对方的立场上为他们考虑问题。

某机械厂要生产一批新产品，将其中一类小部件委托给一家小工厂制造，经过一段时间后，工厂将已经完工的半成品交到机械厂时，却被告知不合格，需要退回去重新加工。由于时间紧迫，机械厂负责人令其尽快重新加工，但是小工厂却不同意，他认为机械厂给出的要求和样品就是这样的，没理由让他们重新加工，双方僵持不下。

机械厂厂长看到这种局面，并没有不依不饶地责令小工厂必须立即执行，而是用缓和的语气对小工厂负责人说："实在是不好意思，我想可能是我们公司设计不完善造成的，让您跟着受罪，实在抱歉。幸好你们送来了产品，让我们及时发现自己存在的问题，可事已至此，总要去完成的，所以还得请你们多多帮忙，将我们的产品再加工一下。"

听完机械厂厂长的这番话后，小厂的负责人心头的怒火平息了，欣然应允了机械厂的返工要求。

四、寻求一致的话题

有些人非常固执，总是坚持自己的观点，经常顽固地拒绝别人的说服，所以我们在跟他沟通的时候，他常会表现出一副僵硬的表情和姿势。说服这类人，如果一开始就阐述观点，根本无法让对方接受，反而让气氛变得更凝重，我们不妨先从对方感兴趣的话题出发，然后再将我们的观点引入话题中，这样对方会更容易接受一些。

有一个男孩爱上了一个女孩，可女孩觉得他长得有些丑，从来不正眼看他。

这天，男孩来找女孩表白，他鼓足勇气说：“我听说姻缘都是上天安排好的，你相信吗？”姑娘很不耐烦地回了一句：“相信。”男孩儿接着说：“我也相信。我听说，每个男孩和女孩在出生前，都有为自己配对好的一段姻缘。那么，我出生的时候，新娘肯定也是早就配好了的，上帝有好几次跟我说过，我的新娘通情达理、非常善良，唯一的缺点就是不够漂亮。我当时就急了，我恳求上帝：我最爱的新娘怎么能不美丽呢？这对她来说是多么大的伤害，我宁愿用自己一生的丑陋来换取她的美貌。”

女孩听到男孩真挚的表白，竟感动得热泪盈眶，她伸出手，接受了男孩的表白。

总之，世界上没有哪种力量会比说服力更伟大，我们在注意自身说话魅力的同时，要多从细节做起，找准对方的心理需求，保持良好积极的心态，来提升自身的说服沟通能力。

Part 8 不以成交为目的的销讲，都是自嗨

销讲的最终目的是成交，从销讲者走上演讲台的第一秒钟开始，成交就已经开始了。成交的环节分为开场、中场和后场，这三个环节的目标分别是收心、收魂和收钱。销讲者要把成交当成一种信念，让成交贯穿销讲的始终。

8.1 一切为了成交

在这个世界上，会讲话的人很多，讲完后得到掌声很容易，演讲好的人也很多，得到鲜花和欢呼声也不难。那最难的是什么？是成交！是在讲完后，让别人愿意心甘情愿地把钱放入你的口袋，收人、收心、收钱、收魂，这才是销讲的关键。所以这不仅是一本教您如何销讲的书，更是教您如何销售的书。

有些人口才很好，却卖不掉东西，有些人很会销售，但不敢站在台上演讲，这些都直接影响最终成交。销售不是说得好，而是说得对。最关键的临门一脚是收钱，钱收不到，你会说话、会造势、会演讲，这些都没用，结果等于零。

所以本书不是教你讲“有道理”的话，而是教你讲“有结果”的话。重要的是要让销售人员对成交充满信心，只有自身拥有足够的信心，相信自己一定可以，相信自己就是全世界最能成交的人，再运用正确的方法，一定能成为一名销讲高手。

在当今社会，口才的重要性不言而喻。你见过口才好，却混得没饭吃的人吗？除非人品不好，没人理他。口才好、人品也好的人，都能在社会上找到自己的立足之地。但是，很多老板企业做大了，却不会在台上说话，不会销讲。这样下去，企业在这个自媒体时代想要突破瓶颈就不容易了。学习销讲，企业家才能成长，企业才能继续做大做强。

纵观国际国内，所有成功的企业家和国家领导人都有着超强的销售能力和公众演说能力。在现代社会销讲能力已经成为成功的关键。所以，我们必须学习销讲，必须掌握成交方法。

一、成交不是索取，是贡献

在学习销讲时，我们都应该记住一个道理："在这个世界，别人会因为我而得到更多！"我们要随时随地做有价值的事情，去力所能及地帮助身边的每个人，要学会利他，学会付出，像太阳一样去照耀，而不是炫耀。

同时，我们还要记住第二句话："成交永远比成交额更重要！"学会销讲最重要的不是为了开口，而是为了成交，为了让客户很舒服地与你成交。成交的力度取决于演讲的高度，演讲的高度取决于我们对人性了解的深度。

销售是信心的传递，很多人在还没有接触客户的时候就信心不足，对自己公司的产品质疑，对公司的业务模式质疑，对公司的价格体系担心。很多人总是不好意思开口，不好意思报价，不好意思收钱，这困扰着很多销售人员。在工作中，始终保持这样的状态真的非常糟糕，这会影响团队的士气，让整个销售业绩恶性循环。

想象一下，你是老板，到年底了，你准备了一大堆红包，然后站在台上，给每个人发钱，你是什么感觉？你会紧张吗？当然不会！我们也可以把成交想象成发红包，此时你是在贡献，你是有价值的，你不是在索取，你是得到支持的。找下这个感觉，当你找到以后，你就用这样的感觉上台，明白每一次演讲你是在付出，你是在贡献，你并不是在索取。这样多练习几次，你的紧张感就会逐渐消失，当紧张感消失后，你自然而然就会说话了，词语和句子会始终出现在你头脑里，你根本不会讲不好。

二、所有沟通都是为了成交

在一张桌子前坐着八个人，有一个人在那里滔滔不绝地讲话，大家全都插不上嘴，只听见这个人在讲自己多么牛，做了多少事情。这个人看似口才很好，能说会道，实际上他一点水准都没有。这样的人，你会不会喜欢呢？你想做什么样的人呢？怎么让别人一看到你就感觉你有亲和力，愿意和你在起呢？这里有个秘密：夸奖和赞美身边的人。如果你能给身边人机会，能发掘他们的闪光点，并给他们展示的机会，他们自然会围着你转，你自然就是主角。

陈总是我的一位学员，也是我的朋友，他十分擅长欣赏和夸奖别人，在一个饭桌上，陈总说：“这个小妹很了不起，年纪轻轻就当上了经理，工作很优秀”“这位张大哥更厉害啊，一年产值十几个亿，还不断出来学习精进”“我给大家介绍一下这位陆大姐，她是个传奇人物……”一圈讲完，把大家全部捧了个遍。

大家喜欢和谁在一起，每个人都心知肚明了吧！

当然，在这里我们除了要学会捧别人，给身边人机会，我们还要学会倾听。每到一个场合，话不要太多，倾听就可以了，听的时候就是学习的过程，关键时候说几句捧人的话，大家自然就愿意亲近你，跟你相处。

普通人说话要讲三至五个小时，才好不容易成交一单，而真正的高手只需要寥寥数语就能成交。不管是商界、职场，有钱的、没钱的，高手只要一开口，一般就“成交”了。所以讲话不是要讲很多，而是要讲出效果。

销讲的绝顶高手不讲话都能收钱，这才叫厉害。一开始看山是山，看水是水，接下来就是看山不是山，看水不是水，就可以变通，可以创新了。到最后你发现其实看山还是山，看水还是水，这就代表你学成了销讲，已经达到炉火纯青的境界了。

当然，销讲的范围很广，它不仅仅指卖东西，还包括各种沟通，与人沟通、与领导沟通、与下属沟通、与客户沟通、与投资商沟通，在沟通的同时还要达成你要的目的。

8.2 开场成交：收心

从销讲开场的第一秒钟起，成交就已经开始了，从此刻开始，我们就要调整状态，全身心地为销讲做准备。俗话说“好的开始，使成功的一半”。为了达到顺利成交的目的，我们必须从开场就做好准备，把握好成交的每一个关键节点。

前面的章节中，讲了销讲的开场，但那是演说层面的开场，本节要探讨的是成交层面的开场。

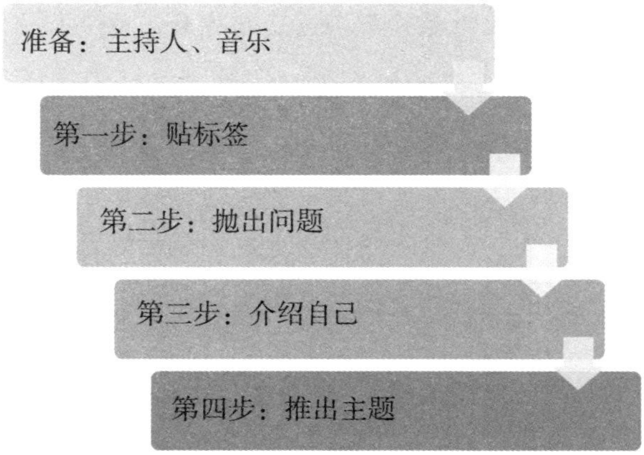

图8-1　开场成交步骤

一、开场成交的准备

①主持人破冰

通常，在笔者的绝大部分销讲课堂上，都会有一个主持人。主持人非常重要，他是成交前的关键环节。主持人的目的就是破冰，他需要帮助我化解学员们刚进课堂的陌生感，他需要营造课堂里的学习气氛，他还需要调动学员们的热情。

主持人在整个破冰环节需要调动现场的热情和参与度，当主持人对销讲者的介绍、赞美和推崇达到高潮时，就会引导大家全体起立，以排山倒海般的掌声和欢呼声有请销讲者闪亮登场。此时那些还没有进入状态，还在懵懵懂懂的人会本能地、被动地站起来鼓掌。

②音乐渲染气氛

这里有个关键的细节，那就是音乐，每首音乐都应该是精心挑选的，要符合销讲者本人的气场和现场的氛围。音乐声响起，伴随着大家的掌声、呐喊声、欢呼声此起彼伏，销讲者就可以上场了。

千万不要小看主持人的破冰和音乐，这是整个一对多销讲，也可以说是成交初始最重要的心理催眠。

这个环节可以解除台下听众和销讲者之间的陌生感，并塑造销讲者的完美形象，还可以直接拉近听众和销讲者之间距离，建立起一个初步的信任。最重要的是，在每个学员心里种下一个种子：这个销讲者是有价值的，是有料的，他的销讲是值得我听的。

借助第三方的推荐，大家才会信任销讲者，如果销讲者自己直接上台做自我介绍，在大部分人的心里很难建立连接，从而导致彼此之间的信任无法建立。这会为后续的销讲和成交带来很大的压力，主持人破冰和音乐暖场十分重要。

当我们自己开招商会、培训会和业务会议时，不管你喜欢或者不喜欢，都需要有一个第三方主持人来暖场和介绍，从而提前建立信任，这样你再开始销讲才会更顺利。

除了要准备好主持人暖场和音乐以外，我们还需要做好以下准备：

①自己的状态

自身的状态关系到演讲的整体效果，一定要带着激情，带着兴奋的感觉去演讲。要在不同的场合准备不同的形象，服装搭配要让人产生好感。这些内容，前面的章节已经提到过，在这里就不再赘述了。

②产品特点和商业模式

开场之前，你要弄清楚你的产品有什么特点，哪些特点是竞争对手所不具备的。你要很清晰地明白自己的产品与别人的同类产品相比有什么不一样的地方。而一个好的商业模式能打动听众，让你的成交变得非常简单。

③自己的使命

只有带着使命感去销讲，才能顺利成交！作为一个销讲者，你必须知道自己的目标、梦想和使命。当你找到了自己的使命，你就决定了你销讲的高度和最后成交的结果。

④被拒绝

“产品太贵，没时间，家人不同意，不感兴趣以前买过……”客户或听众拒绝的理由有千千万，我们应该做好心理准备。要提前想好应该如何打消疑虑，建立信任，把被拒绝的概率降到最低。

做好充分的成交准备以后，我们就要进入开场成交环节了。

二、开场成交第一步：贴标签

你想要一个人做出什么样的行为，就给这个人贴什么样的标签。人因为相同而在一起，因为不同而成长，你希望人们做出什么样的行为就赋予他们什么样的身份。

你给对方的身份贴什么样的标签，他就会用什么样的行为对号入座，要么认同，要么反抗，从潜意识来说，不这么做的话，会感觉格格不入，继而产生内疚。

在生活中，我们经常希望得到某些人的帮助，当我们遇到这样的人时，姿态会不由自主地低下来，为什么会这样呢？因为一切都是层次的改变，高层次的人影响低层次的人，梦想大的人影响梦想小的人，所以当我们给某个人贴上某个标签的时候，就是在影响他。

一个人的身份和他当前所处的环境会影响他的行为。处于高处的一定影响处于低处的，所以在开场时给不同的人标注不同的身份，再加上现场所创造的环境，就会潜移默化地影响到这个人未来的行为和举动。

很多事实都证明，人的能力、性格、行为、举动、环境等的形成，相当一部分取决于周围环境和他人的标签和期望。由于孩子的心智尚未成熟，心理控制能力较弱，受暗示性程度较强，所以容易被大人的期望所左右。他们很容易相信和接受别人定义的身份，从而把外来的评价化为自身对自我的预期和判断。而成人也是如此，在销讲中运用贴标签的方法，对潜意识进行暗示和期望，在之后的成交环节是能起到关键作用的。

重要的事，再次强调：当你希望别人做出什么样的行为时，就直接给予对方什么样的身份标签。想要顺利成交，我们在开场时就要给客户或听众贴上标签。

一次招商会、一次沟通、一次演讲，是没有任何多余废话的，整个环节都需要精心设计，在一开口就必须种下心锚，并下达指令。开场白只需要五秒就讲完了，此时很多人只是听到了一个很客气的开场白，但人的潜意识却已经开始工作了。他将在之后的几个小时去匹配自己是否符合条件，如果不符合，就会去修正，并等待最终的积极响应，以证明自己就是这样的人。

这种潜意识的行为，人们往往是没有察觉的，因为场域的力量，一旦你被贴上标签，而自己又没有察觉时，心锚在最后一步被引爆，很多人就会不由自主地去行动了。

三、开场成交第二步：抛出问题

抛出问题的意思是：用三个假设，抛出三个问题，并给出三个解决方案，以此来吸引客户或听众的注意力和关注度。

真正的销讲是没有一句多余废话的，所有的语言都是精心设计，在开场第二步中直接使用抛出问题，其主要目的是建立吸引力，重要的是告诉所有人：我有站在台上讲下去的权力和资格，这点非常重要。这是在信心上直接与客户建立起一种连接，并且强有力地把对方的注意力集中在自己的身上，这对接下去的第三步有至关重要的意义。

举个例子，在某次销讲中，笔者提出下面三个问题，成功吸引了客户的注意：

在未来的人生当中，假设有一种“方法”，可以让你的销售业绩倍增到100倍，你想不想掌握？

在未来的人生当中，假设有一套“系统”，可以让员工主动承担责任，主动自发地去工作，你想不想拥有？

在未来的人生当中，假设有一套“工具”，可以让你的产品远远甩开竞争对手，建立垄断优势，你想不想了解？

这种提出问题的方法运用的关键在于连续抛出三个假设，假设可以是产品、思想、工具、方法、系统等你要卖的东西，并给予一个完美的解决方案，最后问对方想不想拥有。在这里“想不想”是一个催眠词，可以让人的潜意识展开联想工作，为之后的成交埋下伏笔。

我们抛出的三个假设和三个解决方案是建立在产品的核心价值上，只有抓住了核心价值，才能击中听众的心。那么，我们要如何来找到自己产品的核心价值呢？

我们可以问问自己，公司的产品能给客户带来多少好处？

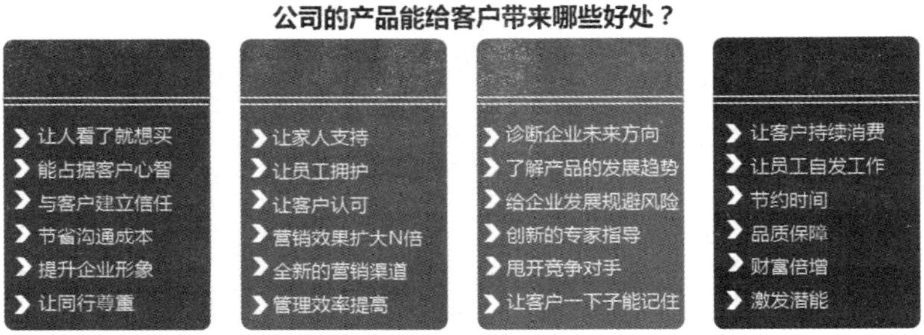

图8-2　公司产品能给客户带来哪些好处

上图罗列了一些产品可以给客户带来的好处，你可以对照上表来考虑自己的产品或服务。找到了产品的核心价值，接下来我们还要给客户解决方案，可以从著名的马斯洛需求层次理论上寻找：

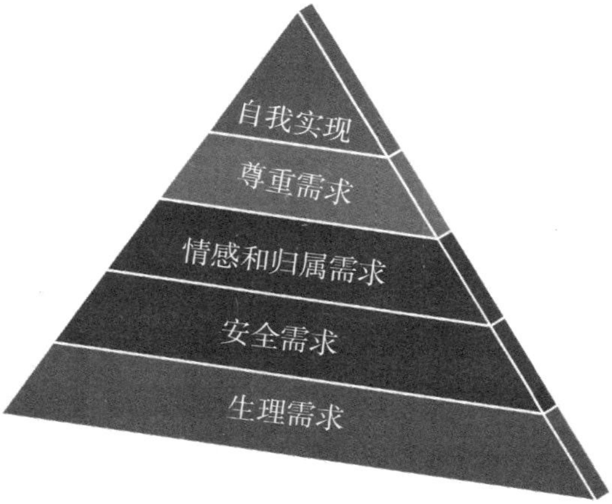

图8-3　马斯洛需求层次理论

假如一个人同时缺乏食物、安全、爱和尊重，通常对食物的需求是最强烈的，其他需要则显得不那么重要。此时人的意识几乎全被饥饿所占据，所有能量都被用来获取食物。在这种极端情况下，人生的全部意义就是吃，其他什么都不重要。只有当人从生理需求的控制下解放出来时，才可能出现更高级的、社会化程度更高的需求，比如安全的需求等。

明白了需求层次理论后，我们可以想一想自己的产品和服务可以解决哪些需求，找到产品能给客户带来的解决方案和好处后，就可以设计三个问题的话术了。

在每个问题话术结尾，我们需要调动现场气氛，要加上一个凝聚口号和动作，具体话术为："在未来的人生当中，假设有一种工具可以让你的产品瞬间被上万人知道，你想不想了解？想要了解的，请把你们的手举高举直，对，像我这样，举高举直，并大声对自己说：'Yes！'"

四、开场成交第三步：介绍自己

很多人一开场说话，就是"你好""感谢""我是谁"三部曲，总是迫不及待地要让客户知道自己叫什么名字，迫不及待地要做自我介绍，以此拉近距离，殊不知高手从来不这么做。因为自我介绍是非常关键的一步，没有前面的催眠铺垫，贸然把自己介绍出去，往往无法与客户建立更深的连接。要知道，无懈可击的自我介绍是通过放大自己的故事开始的，如果前期没法让客户信服你，给客户一个想听下去的理由，那此时大部分人已经走神了。所以第三步推出自己至关重要，当然这里也有严格的话术要求。

我们可以通过一张时间线表格来清晰地整理自己的过去、现在和未来。列出来之后，填入下面的表格中。例如：

表8-1 过去、现在和未来的对比

过去 沮丧时刻/失败时刻	现在 欢呼时刻/自豪时刻	未来 梦想时刻/发明时刻
内向	敢上台演讲	导师型企业家
维修工人	千万富翁	捐出100亿
电脑白痴	技术高手	大型方案设计师
欠债上百万	一天就赚上百万	成为亿万富豪
不会卖东西	销售高手	顶级销售大师
不喜欢运动	户外达人	攀登珠穆朗玛峰
炒股票失利	金融达人	拥有金融帝国
生意失败	十几万用户	上市路演
从小没有爱	学会爱自己	爱身边每一个人

当我们整理出自己的过去、现在和未来以后，就可以用下面的超级放大话术把自己放进去。这套话术就是无懈可击的自我介绍，里面充分使用了语言技巧，让听众对这个讲台上的人刮目相看。下面来看具体案例。

我有一位学员，他通过学习销讲改变了自己，从一个内向害羞的人变成了一个能站在舞台上侃侃而谈的销讲高手，进而取得了事业上的成功。他是这样做自我介绍的："假如有这么一个人，过去他很内向，现在他敢上台演讲，成为一名导师，你们想不想认识这个人？假如有这么一个人，过去他不会卖东西，现在他成为销售高手，你们想不想认识这个人？假如有这么一个人，过去他生意失败，现在他一天就赚几十万，实现财务自由，你们想不想认识这个人？不仅如此，他的公司还拥有十几万用户，未来他将进行上市路演，大家想不想认识他？想不想知道他是如何做到的？这个人就是我，×××。"

你也可以模仿这套话术，把自己的经历填入进去，就形成一套属于你自己的无懈可击的自我介绍了。大家填入自己经历的时候，要让过去和现在的内容形成一个极大的反差，这样才能勾起听众的兴趣。

五、开场成交第四步：推出主题

真正的销讲高手都清楚，把气氛调动起来、把自己介绍出去之后，才是真正推出主题的时候。大部分谈判高手在进行商务谈判时，也是先把自己推出去，然后才切入主题。

通过开场的前三步，台下的听众已经被你吸引住了，同时听完你完美的自我介绍，就会非常期待你所分享的主题。这时你就可以顺势介绍主题，比如："今天，我将结合过去十年的商业实战经验和二十年的经商历程，为大家隆重推出如何快速提升业绩、降低企业成本的秘诀。你的掌声越热烈，我的分享就越精彩。"

至此，整个开场四个步骤就完美收官了。一个好的开场一定要巧妙地贴好标签，然后熟练运用抛出问题法，把客户的吸引力全部吸引过来，再推出自己，把自己的价值塑造出来，最终推出主题。每个步骤一环扣一环，练好一个开场，无论是在千万人的演讲台上，还是一对一的销售沟通中，都有莫大的好处，你随时随地都可以把听众的心吸引到你的身上。开场白讲得好，成交只是时间问题。

当然，这一切才刚刚开始，接下来我们要学习更重要的中场环节。中场是整个销讲的灵魂，在这里我们需要心灵的沟通，需要能量的引领，需要信心的传递，要不断塑造我们产品的价值，最终把客户引领到你想要他去的任何地方。

8.3 中场成交：攻心

中场是整个销讲最攻心的地方，你必须要人们相信你所说的话，相信你的人，相信你的故事，相信你的产品，做销售的人都知道，所有的销售都是一场信任的游戏。只要有信任，梳子都可以卖给和尚；如果不信任，再好的产品、再低的价格，哪怕不要钱，别人都不敢要。那么，我们应该怎样在中场赢得客户的信任呢?

如果说开场是一个“收心”的过程，那么一个完美的中场就是“攻心”的开始。通过动力窗、自己的故事、客户见证等八个步骤，让客户的“心”心甘情愿地跟着你走，彻底击破客户的抗拒心，什么“没时间”“没钱”“暂时不要”，这些借口在中场环节统统都会化为乌有。是不是很期待呢？让我们开始吧！

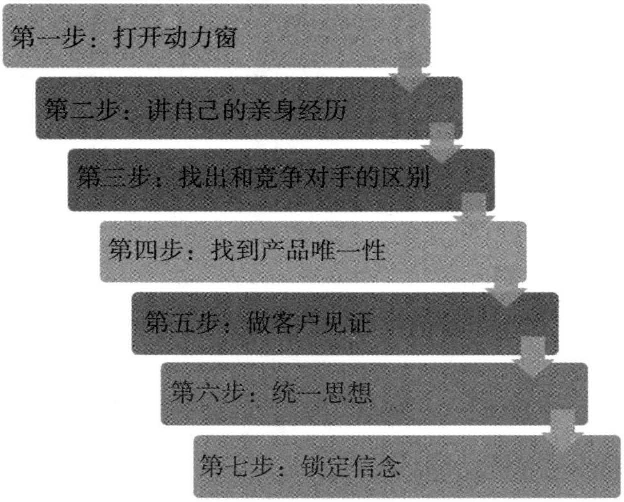

图8-4　中场成交的步骤

一、中场成交第一步：打开动力窗

说到动力窗，需要先提一个问题：

> 有一所房子，这所房子是一处海景房，价格适中。在房子的客厅有两扇窗户，一扇窗户朝向大海，推开窗户，清新的海风吹来，眼前就是一望无际的大海和金色的沙滩，蓝蓝的天空让人非常惬意。但另一扇窗对面是一个垃圾处理场，一打开窗户就是一阵恶臭，随之而来的是满目疮痍的垃圾场。请问如果你想把这个房子卖出去，你会推哪扇窗户呢？如果你不想卖这个房子，你又会推哪扇窗户呢？

两扇窗户外有不同的风景，打开不同的窗户会导致不通的结果。这就是动力窗，每一事物都有它的好处和坏处，优点和缺点，我们就是要打开那扇对我们有利的窗户。要利用好动力窗，就要了解人性的本质：追求快乐，逃离痛苦。

每个人都有喜欢的东西，也有不喜欢的东西，每个人都喜欢那些给他们带来喜悦、快乐、成功、幸福、健康和温馨的东西，不喜欢给他们带来肮脏、恐怖、伤害、恶毒、疾病和损失的东西。我们的产品能给别人带来什么呢？

每件事情都有好处和坏处，打开动力窗就是要求销讲高手不断把每一个产品的好处和优点放大，不断塑造，把人性追求快乐的一面淋漓尽致地表达出来，同时要把不购买这个产品带来的坏处也放大出来。不购买带来的痛苦是什么？带来的损失是什么？带来的伤害是什么？将这些不断放大，让客户不断追求购买所带来的美好画面，而逃离不购买带来的痛苦画面。

二、中场成交第二步：讲自己的亲身经历

每个人都有一个属于自己的传奇，都有一个自己亲身经历的故事，故事的内容可以是真实、感人、励志、离奇、震撼、传奇、幽默、成功、创业、感恩或充满大爱的故事。同时人们更喜欢听有格局、有信心、有决心、有目标、有梦想、有责任、有价值、有能力、有智慧的故事。

在故事中把自己变成上述这样的人，因为人们喜欢把钱投给这样的人，这样的人是值得信赖的，这样的人是可靠的。通过故事，我们可以在人们心中塑造出他们内心中想要的那个形象。我们在讲自己的故事时，应该注意以下三个关键点：

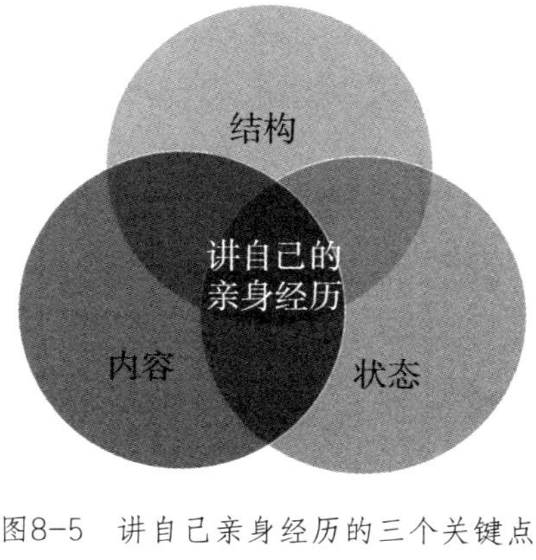

图8-5　讲自己亲身经历的三个关键点

①结构

每个故事都有特有的结构，应该先说什么后说什么，什么时候放什么样的音乐，什么时候应该停顿接受掌声，什么时候应该充满激情地一口气说完一整段话。

②内容

把结构架好再往里面填充内容就很简单了，只需要注意说话的方式，同样的一句话，换个词就可以把意思递进好几层。

③状态

台上的状态是成功的关键，即使有完整的结构、很好的内容，但是因为紧张把话说得结结巴巴，或者没有一点激情如同背课文，那效果就是零。如果用这样的状态去销讲，不到十分钟，台下的听众一定会进入玩手机、打瞌睡的状态。

三、中场成交第三步：找出和竞争对手的区别

如果你认为学会了动力窗和讲故事就能成交，那就大错特错了，当然对销售高手来说，熟练使用前面两步确实已经相当了得。但我们想要的是把真正的本领都学到，所有后面的步骤缺一不可，同时这些步骤又可以用来穿插到故事中，成为一个属于自己的销讲成交术。

现在，故事讲完，你的产品在故事中已经露面了，此时你需要突出你产品的重要性，同时又不能贬低竞争对手。你需要用对比法，把产品的优劣说在前面，让客户自己选择。

往往客户在做出购买决策之前已看过了很多同类产品，自己心里其实已经有底了，当你愿意主动说出与竞争对手的区别，会让客户更偏向于你一边，拉近与客户之间的距离。表达自己与竞争对手的区别时，要注意：不要贬低竞争对手。如果你去贬低对手，只会给你带来三个不利：第一，有可能客户或者客户的朋友目前正使用竞争对手的产品，或者客户认为对手的产品不错，此时贬低竞争对手就等于说客户没眼光，会引起客户的反感；第二，对手的市场份额或销售不错时，不切实际地贬低对手只会让顾客觉得你不可信赖；第三，一味贬低竞争对手，会让客户认为你心虚，或产品质量有问题，进而在客户的心里留下一个不良的印记。

那么，如何在不贬低对手的同时找到自己的产品与竞争对手的区别呢？这里有三个步骤：

首先，可以通过头脑风暴先列出自己产品的三十个特点或卖点。

然后，从这三十个卖点里找出与竞争对手的产品卖点重叠的部分。

最后，锁定剩下的卖点，并找出哪些是目标客户最需要的。

这样通过上述三个步骤，你就能筛选出自己的产品与竞争对手的产品最大的区别了。往往筛选下来后的卖点会有一两个，此时你再描述就会非常恰当。

当然，有时候我们自己的产品与竞争对手的产品过于相似，那怎么办呢？此时，可以拿自己产品的三大强项与竞争对手产品的三大弱项作客观的比较，有数据来做证明最好。

俗话说，货比三家，任何一种产品都有自身的优缺点，在做产品介绍时，你要举出自己产品的三大强项，并与对方产品的三大弱项去比较，这样即使是同档次的产品，被你客观地进行比较，高低就立即显现了。

四、中场成交第四步：找到产品唯一性

产品唯一性，就是产品的独特卖点，是只有你有、别人没有的特点或特性，是让别人不可抗拒的卖点。如果你找不到自己产品的唯一性，你就要去找到你产品的独特附加值，告诉客户为什么一定要选择我，而不选择别人。

这一步是和上一步找出和竞争对手的区别连接在一起的，独特卖点是只有我们有，而竞争对方不具备的独特优势。正如每个人都有独特的个性一样，任何一种产品也会有自己的独特卖点，在介绍产品时突出并强调这些独特卖点的重要性，能为销售成功增加不少胜算。

用一个案例来讲述产品的独特的销售主张（USP）是如何设计出来的：

我有一个客户老张，他是卖阳澄湖大闸蟹的。有一次，老张找到我，希望我能帮他策划卖螃蟹。说实话，这个业务很难做，因为大闸蟹产品的同质化现象很严重。老张说他卖的是正宗的阳澄湖大闸蟹，青背、白肚、金爪、黄毛，别人家卖的蟹不也是这样的吗？要消费者去识别真假并不是一件容易的事。螃蟹究竟怎么卖呢？思来想去，我们始终无法在产品上找到唯一性。最后只能另辟蹊径——设计产品的附加值。

我想到螃蟹的“蟹”与感谢的“谢”同音，于是决定打“感情牌”。每个人都有要感谢的师长、好友、兄弟姐妹，螃蟹可以作为人们表达谢意和问候的桥梁。如果再在螃蟹礼盒内附上一封感谢信，这份礼物就显得十分独特了。

于是，在我的帮助下，老张推出了“蟹兄蟹弟”这个品牌。过了一段时间，老张告诉我，他的螃蟹卖得很不错，感谢信的点子也收到了顾客的好评。每个客人买蟹时，都可以选择自己要送的人和感谢信模板，并修改好信件内容，下单付款后，系统会帮助客人生成只属于他自己的大闸蟹礼盒。

这样一份礼物，不仅是螃蟹，也是一份感动和谢意。这种附加值就是唯一的，是无法抄袭的，客户买的再也不只是螃蟹，还有一种感情。

这就是产品的唯一性，任何产品都有它的唯一性，没有就放上附加值，这一定会让你的产品变得与众不同、独一无二，让客户一下子就记住你。在销讲中，把你的产品的唯一性展示出来，成交还不是易如反掌？

客户不会在原地等你，如果有一天你满足不了客户需求的时候，客户随时随地都会离开。世界这么大，谁能够持续不断地提供给客户价值，这个客户的黏度就强了，所以要想办法让你的产品有唯一性。在销讲中要想产品卖得好，只有去增加附加值。客户永远不是仅买产品，而是买产品及其附加值，附加值会让销量倍增，会让成交主张变得更简单。所以在销讲中一定要卖“情怀”，一定要卖附加值，一定要卖出人意料的东西。

五、中场成交第五步：做客户见证

客户见证是绝大部分培训公司常用的一种成交方法，运用大量的客户见证来证明产品的价值是可信的。客户见证就是为了在客户心中产生具象，没有具象就没有说服力。

一个有效的客户见证要包含客户照片、视频，同时要明确客户的身份、所属公司、业务范围、客户语录。在销讲中，尽量去找一些大客户、董事长、总经理或者名人来做见证，让他们为产品背书。

一个客户的见证往往胜过千言万语，产品有了客户见证，说明已经有人愿意为它付出金钱，而且这些付出也相当值得的，得到了应有的回报。这就降低了客户心中对风险的恐惧，客户更愿意相信已经成交的客户说了什么，所以在一对多的产品销讲中，产品只是个媒介，舞台只是个道具，真正具有推动力的价值是客户见证。

那么怎样让客户见证的威力发挥到最大？到底该如何做见证？下面给大家介绍六个见证方法：

图8-6　客户见证的六种方法

①名人见证

说什么不重要，重要的是谁在说。如果你产品好，让名人说出来，效果立竿见影，而且会比你自夸好上百倍。一个好的名人见证顶一万个客户见证作用。

找到能影响到你客户购买的那个人，你不需要寻找到什么“世界第一”，你只要找到影响力的中心，即对你的潜在客户、目标客户影响力最大的人就够了。比如，你的产品的主要市场是幼儿园，那么你的影响力的中心就应该是这个地区比较知名的幼儿园园长或者受欢迎的幼儿教师。

②数据见证

你的优势在哪里？怎样体现？数据上的证明就是一个很好的证据，所以我们一定要把自己的优势量化到数字，通过展示数据，产品的吸引力在哪里，产品的价值体现在哪里等，都要清晰明了。

有了数据，就会很有说服力。尽管本人也获得过很多荣誉，担任过很多社会职务，但那些都是虚的，只有这些数字才是实实在在的东西。这就是数字的魅力，数字是一个量化的结果，可以给客户一个直观的认识。

③购买理由见证

这个见证就是通过“问”来达到提高成交、追销的效果。你该去问谁？

去问那些对产品营销有影响力的人，包括用过你产品的老客户、大客户，询问他们：当初为什么选择我的产品？找到他们购买的理由和原因，然后把这个理由呈现给你的其他潜在客户时，他们往往都会有相同的价值观，所以会很容易成为你的目标客户，而目标客户可以再成为成交客户。

④结果见证

人们更倾向于相信自己眼睛看到的，所以你要让客户看到结果，也就是你的产品给他带来了什么改变。

有一次，我的一个客户找到我，高兴得不得了，拉着我去服装店，送了我一套他们店里最好的衣服。然后他告诉我：就是因为使用了我的秘诀，他的营业额从原来每个月500万飙升到1300万，怎能不欣喜？这就是一个很好的见证结果。

⑤同行见证

很多时候客户都在同行、竞争对手那里，所以不要到处去找客户，要到同行那里挑客户。这个时候，你需要一个人的见证去建立客户对你的信任，这个人就是你的同行。找到同一领域中做得时间久、经验多、品牌好、影响力大的同行来给你做见证，那么他的粉丝也会变成你的客户。而且，这个方法也节省了很多成本，你的客户已经被你的同行训练好了，完全不需要你培训，你只要卖好产品就行了。

⑥海量见证

当你的名人见证不够多的时候，那就求“量”。当你的产品有一百个人说好的时候已经有了吸引力，那么就争取让一百个人、一千个人都说好。

在做见证的时候，你可以将图片、文字、视频结合，图片能引起客户注意，文字和视频则能触动他们内心的情感，促成他们成交。产品好，不要自己说出来，要让你的老客户说出来。现在就精心准备好你的客户见证吧，以备你在销讲或者沟通中随时使用。

六、中场成交第六步：统一思想

上面铺垫了那么多，终于需要做一次成交动作，以此来判断哪些人是已经行动的，哪些人是还在考虑的，哪些人是有抵触的。

所以，最好的办法就是在中场的第六步问客户：“你们要不要改变？要不要改变？一定要改变吗？一定要吗？”并让客户呐喊：“一定要改变！一定要改变！一定要改变！”

把状态喊出来，让整个场域渴望成交，将渴望改变的状态喊出来。这也是本人在上千场成交中琢磨出来的绝密武器，往往很多人还在犹豫，还

在思考时，从众的力量就把他们带出来了。喊出口号，喊出一定要改变，把自己喊进故事中，把自己压抑的情绪爆发出来，

销讲大师都是在这个环节统一口号、统一动作、统一思想的。这一步非常重要，很多新的销讲者或者销售总监，没有经过专业辅导，总以为自己上台讲产品讲得特别好，以为自己的故事让用户心动了，以为可以成交了，结果没有做这个“一定要改变”的步骤，成交就比预期差了很多。

情绪一旦释放，心结就会打开，当全场都在把改变的情绪爆发出来的时候，能量是最强大的，此时也是一个人心理防备最脆弱的时候。此时成交的效果会比不做这个动作至少好五倍。

七、中场成交第七步：锁定信念

喊完以后，我们需要问：“改变有什么好处？”“不改变有什么坏处？”。牢牢把改变的信念种进去，这叫“锁定信念”。一旦信念上锁，客户就算这次不成交，下次也一定会买，因为他已经认定这是他想要的产品，这是可以改变他命运的产品。

此时，在时间充裕的情况下，你可以讲两个小故事：一个朋友改变后成功了的故事和一个朋友不改变失败了的故事。这里的故事可以根据现场情况做调整。

总之，利用动力窗把人性的弱点继续放大，并牢牢锁定信念，中场的销讲流程到这一步就算基本走完了，接下来进入后场成交环节。

8.4 后场成交：收钱

其实，后场才是真正意义上的成交环节，在这里我们要做的就是——收钱。一个只会演说、不懂收钱的销讲者是不合格的。所以，我们要学习后场成交的收钱技巧。

后场成交的步骤总共有六步，分别是：再次打开动力窗、再次确定需求、审核门槛、无价塑造、假设成交、上台收钱。成交最重要的是方法，一旦掌握了成交的方法，那么在任何时候你都可以轻松成交，你一定会成为全世界最能成交的人。而成交方法不是光靠看书就能看明白的，需要你在现场慢慢体验。

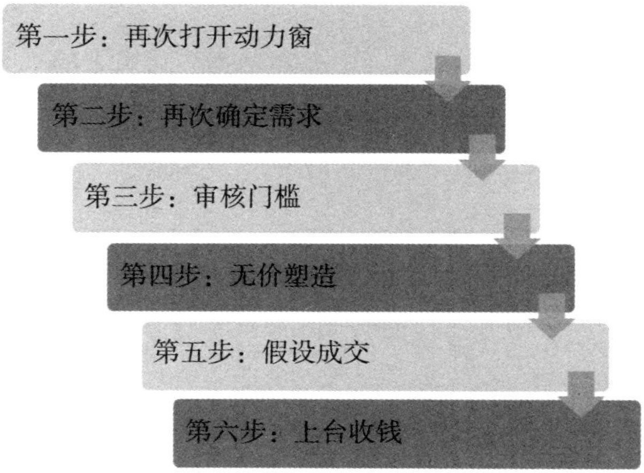

图8-7　后场成交的步骤

一、成交第一步：再次打开动力窗

做好了前面的开场和中场，成交并不是难题，关键是成交多少的问题。因为在中场环节，我们已经把场域拉到一定的高度，此时，客户埋单不仅仅是为了你的产品，还是为你的信念、你的价值观、你的使命而埋单。此时，再一次打开动力窗，我们要提升的是境界。

在这里，用一个紫罗兰花的故事，让大家明白再次打开动力窗的作用：

鼎鼎大名的艾瑞克森是个非常厉害的催眠大师，有一次，艾瑞克森到美国中南部的一个小城讲学，一位同僚求他一起顺道看看他独身的姑母。他说："我的姑母独自居住在一间古老的大屋子里，无亲无故，她患有严重的忧郁症，人又很倔强，不肯改变生活方式，你看有没有办法令她改变。"

艾瑞克森同意了，他们一起去到这位同僚的姑母家去探访，发现这位女士比形容中更为孤单，一个人关在暗沉沉的百年老屋内，周围找不到一丝生气。

艾瑞克森是位温文尔雅的男子，他非常礼貌地对同僚的姑母说："你能让我参观一下你的房子吗"于是姑母带着艾瑞克森一间又一间房间去看。艾瑞克森真的想参观老屋吗？那倒不是，他是找一样东西！在这老婆婆毫无生气的环境里，他想找寻一样有生命气息的东西。终于，在一间房间的窗台上，他找到了几盆小小的非洲紫罗兰——屋内唯一有活力的几盆植物。

姑母说："我平时没有事做，就是喜欢打理这几盆小东西，这一盆还开始开花了。"

艾瑞克森说："太棒了！你的花这般美丽，一定会给很多人带来快乐。你能否打听一下，城内什么人家有喜庆的事，结婚、生子或生日什么的，给他们送一盆花去，他们一定会高兴得不得了。”

这位姑母真的依艾瑞克森所言，大量种植非洲紫罗兰，城内几乎每个人都曾经受惠。不用说，姑母的生活大有改变，本来不透光的老屋变得阳光普照，摆满了美丽的小紫花。一度孤独无依的老人，变成了城中最受欢迎的人。

在她逝世时，当地报纸头条报道：“全城痛失我们的非洲紫罗兰皇后。”几乎所有人都去送葬，以报答姑母生前的慷慨。

从这个故事中，大家明白了什么？姑母的动力在哪里呢？给姑母无穷动力的是一种信念，这种信念可以影响一个人。用动力窗巧妙地种下一个信念，这实在太重要了！

二、后场成交第二步：再次确定需求

再次确定需求，就是为了把需求牢牢地锁定，加强用户购买的决心。帮助每个准备掏钱的客户，说服自己，这次购买是值得的，是完全能够解决自己需求的，是绝对不会让自己后悔的。让大家渴望得到你的方法、你的产品、你的系统，让大家坚信这一定能帮助自己。

这是帮助客户向别人证明自己购买的决策是正确的，这些抛圈勾魂语言有助于客户自己说服他的亲戚朋友。这一步能有效地帮助客户事后不后悔。

三、后场成交第三步：审核门槛

当客户决定购买时，有经验的销讲者惯用的方法就是审核门槛。比如：你可以这样说：

想购买我的产品，必须符合三个条件：

条件一：你相信自己使用以后一定可以改变自己。

条件二：你使用过后一定要尽可能多地帮助身边的人。

条件三：你必须符合一定的身份。

上述条件可以自己设定，物以稀为贵，你不把自己抬高，成交后客户会有失落感。但如果你设定了审核门槛，那客户会认为，这是他自己努力争取到的，是因为自己条件符合才有资格购买的。此时的客户心理就是“占了便宜”，还会因此沾沾自喜。

但是，门槛条件绝对不要超过三个，因为人的记忆最佳点就是三个。同时，条件既要有一定高度，又不能太苛刻，要根据现场客户的实际情况制定门槛，要保证他们都符合条件。

四、后场成交第四步：无价塑造

这一步进入报价环节，报价是个很有技巧的活。关于报价，告诉大家一个重要原则——价值不到，价格不报。为什么这么说呢？因为，我们要把产品塑造到无价！

想象一下，当你拥有这个产品以后，你会看到什么？你会听到什么？你会感受到什么？这种感觉好不好？这种感觉要不要？你觉得这种感觉值多少钱？

记住，无价塑造的核心关键就是询问客户的感受，人们愿意为感觉埋单。要不断地问客户看到、听到、感觉到什么，不断让客户把他内心想要的美好画面表达出来，此时的产品价值才是让客户感觉超值的、无价的。

你不能说：“我的美容产品对皮肤很好。”也不能说：“我的培训课程对你孩子的学习有极大帮助。”而是要具体地表达出你的产品能够给客户带来的价值。比如，“我的英语培训能够在一个月内帮助你轻松将成绩提升 10 分”或者“我的办公软件能够帮助你节约 45% 的办公成本”。因为价值塑造必须能够让客户清晰地感知价值。

价值塑造要注意三点，分别是细化、对比、数据化。

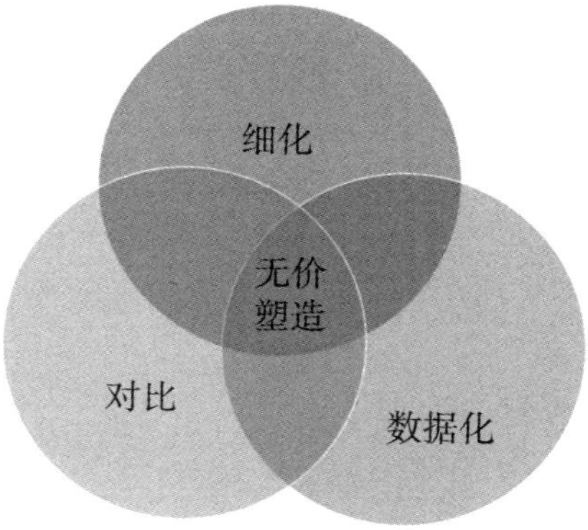

图8-8 无价塑造的三个关键点

①**把产品的价值细化**

细化就是把你的产品或服务进行分解，让客户完整地知道你描述了哪些事情，你的产品由哪些组成。有时你提供的产品与服务，客户只看到了结果，并不清楚地知道这其中的价值。

我们可以看到许多广告语会把一些过程细化展示给客户，让客户感受到不同的价值。比如："108道工序、30位次熨烫、2300针缝制、100%用心检验，造就1条九牧王男裤"，这条在央视播放的广告让九牧王在2008年声名大噪。

细化能让客户明明白白地感受到你的付出与努力，更可以让客户看到你的用心与态度。

②**形成对比**

你会如何形容一个人的身高，比如：你说一个人很高，"很高"只是一个概念，那么到底有多高呢？你说他比姚明还高，这种方法就是对比法。姚明是大家公认的身高很高的人，你选择姚明做参照物，就很轻松体现了这个人很高。

在价值塑造过程中你可以找出相应的参照物，通过对比的方式，体现出产品的价值。客户是很难对一个产品的价值做出判断，他们只能依靠对比去做出选择。

例如客户难以完全搞清楚一个手机的研发成本、制造成本、渠道成本、营销成本，因此他们难以对一个手机的真实价值做出判断。那么人们愿意花费五千元去购买一部手机，依靠的是什么？是对比！是各个品牌手机之间的性价比、使用习惯、品牌好感度之间的对比。

在整个销讲中，要随时随地去制造对比，只有这样，才能呈现产品价值的相对优势，给予台下听众购买的理由。为什么说是相对优势呢？因为客户能够感知的只有相对优势，而不是绝对价值。因为没有了对比，客户就失去了购买的依据，产品也就失去了价值的依据。

对比的方法有很多种，可以从功能的独特性、价格等层面去找到，有些则是需要去创造不同、人为制造对比。你可以试着用下面几种方法来进行对比：

第一，与过去的解决方案对比。

与过去的解决方案作对比，是最容易让客户有认知、有感觉、有启发、有反应的方式。比如：过去用肥皂，现在用洗手液；过去用清水，现在用护理液。如果你的产品有创新，那么你可以把新产品与旧产品对比，从而突显新产品的价值。

第二，与竞争对手的直接对比。

如果你的产品或服务与竞争对手相比有优势，你可以直指竞争对手的软肋，放大自己的优势，让客户充分感受到你提供的价值比竞争对手更多、更好，从而赢得属于自己的消费群。这里不是让你去诋毁竞争对手，而是用己之长攻彼之短，就像田忌赛马一样，用自己的上等马与对方的下等马来比较，当然就会突显自己的优势。

第三，用不购买的结果对比。

你可以告诉客户，当他购买产品时可以获得什么，如果他不购买将失去什么，或者客户必须继续忍受哪些痛苦与损失。这也是我们上面反复强调的动力窗，你需要一针见血地指出客户的痛点，如果客户不采取行动，他就必须继续忍受。你应该做的就是指出痛点、分析痛点，甚至放大痛点，并告诉客户，如果不采取行动，将会有什么样的后果。

③*数据化*

这个世界上最容易让人们理解的东西可能就是阿拉伯数字了，因为数字能直观地度量每一个价值。在塑造价值的过程中，你必须使用数字把结果明白地展示给客户。

我们可以把下面两句话进行一个对比：

A：我的软件能帮助你提高办公效率。

B：我的软件能帮助你提高 40% 的办公效率，帮你每年减少 35% 的成本！

我们能很明显地感受到 A 和 B 两句话的区别，B 句中的数据能直观地让客户感受到产品或服务的价值。

如果产品没有被塑造价值，客户就会再三考虑，甚至流失。所以如果你没有把产品塑造到无价，当客户来问你产品价格的时候，打死也不能报价格。要记住：价值不到，价格不报。

五、后场成交第五步：假设成交

假设成交法，必须建立在打开第二次动力窗，牢牢锁定信念，价值被无限放大，用户门槛已经审核完毕，准客户已经要掏钱的时候才可以使用。下面，为大家还原一段假设成交的情景：

销讲者：“假设你只要投资 100 万，就可以让你学会这个方法，就可以让你拥有这个产品，就可以让你公司的销售业绩从 1000 万涨到 5000 万，你觉得值还是不值？”

听众："值！"

销讲者："有没有可能增强你的个人能力？"

听众："有！"

销讲者："有没有可能帮你赚到更多的钱？"

听众："有！"

销讲者："有没有可能让你的家庭过得更加幸福美满？"

听众："有！"

销讲者："假设不需要 100 万，只要 50 万就可以让你公司的员工主动自发地，拼命地为你工作，就能让你公司的销售额轻松达到 5000 万，你觉得需不需要？"

听众："需要！"

销讲者："假设不需要 50 万，甚至不需要 10 万，我看看有多少人想要的？想要的举手，把手举高举直！"

台下观众纷纷举起手来。

销讲者："听好了！听好了！听好了！听好了！听好了！你的掌声越热烈，我的价格会更优惠！"

销讲者："听好了！听好了！听好了！听好了！听好了！今天这个系统只要 19800 元！"

这段话是不是感觉很熟悉？是不是在很多场合都听过，是不是觉得很老套？一个不懂得销讲的老师，一个不会开场、没有中场的老师，如果直接生搬硬套，用这种成交话术，绝对会贻笑大方，赔了夫人又折兵。

上面的情境中，销讲者用了递减式报价，他为什么要这么做呢？因为任何人听到的第一个报价，无论怎么值，都会觉得偏贵，而这样递减式报价，会让客户感受到超值，会让客户觉得占到便宜。同时假设成交还可以让你进一步看到，这次有多少人愿意被成交。

六、后场成交第六步——上台收钱

终于来到销讲的最后一步了，这一步没有什么“花言巧语”，唯一有的就是成交的信念，你需要做的就是感召每一个人，你必须有强烈的度人之心，如果你的产品足够好，一定要想办法让客户埋单成交。不要不好意思，因为唯有客户使用你的产品，才是真正帮助了客户。

凡是销讲高手，都无比热爱自己的产品，只有发自内心地热爱自己的产品，才会去给人推荐产品，让更多的人受益。

当气氛烘托到一定时候，上台收钱只是信手拈来的事。你可以借助场域的力量一直站在台上，不断感召听众上台，凡是上台的都会站在你的身边，从而助你进一步强化感召能量。大家站在台上看着那些没有上台的人，此时没有什么话术，你只需要坚定地喊出三个字：“还有吗？”还有要上台的人吗？因为你坚信你所做的一切都是为了他们好，你所做的就是改变他们的命运，你相信你能帮到台下每一个人，你相信自己是来成就对方的，带着这种状态不断感召，你就会成为销讲之神。

此时你的状态将影响整个场域的状态，你必须百分百全身心地投入，这点很重要，要完全地信任、完全地交付给整个场域，你才能有百分百的有收获。

至此，开场、中场、后场成交的步骤全部讲完了，当你可以熟练运用后，步骤先后顺序是可以打乱的，也是可以精简的。掌握这套方法，在任何时候收人、收钱、收心、攻心都是分分钟的事，但是收多收少，一场招商会能成交多少人，这就要看功力了。为什么要不厌其烦地把每个步骤都讲述一遍，甚至有些步骤表面上看是重复的或者是相似的，实际上这就是一个火候的掌握。如果你还没有达到炉火纯青的成交境界，那就老老实实地使用成交十七招，它能让你在任何场合都有收获。

8.5 找到成交的道与术，增强成交信念

信念是构筑在心里的力量，用好了，即使听众不购买，也依然可以让销讲者达到快速收钱的目的。想要成功，就必须坚定自己作为销讲者自身的信念，同时坚定顾客的信念。销讲本身就是一个给他人灌输信念的过程。想给听众灌输信念，自身必须坚定绝对成交的信念，只有这样，才能具有为他人传递信念的力量。

作为一名销讲大师，学习很多技巧确实很重要，不管是舞台表现术、运用表达术还是演讲设计术，这一切都是为了最终的目的——成交。

没有成交，我们的演讲再精彩，也只是一场“花活儿”表演；哪怕再多的人追捧，也产生不了任何有效价值。要成为一名真正的销讲大师，我们的心里必须要有一个信念：不断地成交。

一、让成交变成一种习惯

我们跟客户洽谈业务是为了成交，在这个过程中不能忘了成交的时机，一旦这种时机出现必须紧紧抓住；当我们跟老板提出升职加薪的时候，也要时刻推动成交，我们必须能明确意识到老板说了什么话才算是成交达成；当我们在求职的时候，要明白怎样才能应聘成功，这也是成交。所以，不管做什么事情，我们的意识里都要记住——最终就是为了成交。

二、让成交成为本能

万物万事皆有本能，当变色龙进入不同的环境，会本能地变换皮肤的颜色；当有陌生人靠近或闯入时，狗会本能地防卫。这所有的一切，皆是

出于本能的反应。

而人的本能表现就更多了，比如渴了要喝水、饿了要吃饭、冷了要添衣、困了要休息，这一切都是很自然的事情。本能就是不需要经过思考的反应。这些行为都自然而然地发生着，我们不会觉得有什么不妥。

作为销讲人员，当成交成为我们生活中的一种本能时，我们对成交时机的把握就会非常敏锐。当成交的时机一到，我们不需要思考和准备就能做出成交的动作。如果达到了这种境界，想不成交都难。

三、让成交成为我们的职业

我们每个人都有自己的职业角色，每种职业都有自己的特点，职业就是我们的标签和特点。

对于一个驾驶员来讲，开车是他的职业，当车开动时，他会很自然地集中精神，然后专注于各种开车的技能中。这是多么理所当然，多么轻而易举的举动。一个厨师，在接到菜单的那一刻，迅速转身：备菜、切菜、炒菜，这也是理所当然、轻而易举的举动。

同样的，作为销讲大师，成交就是我们的职业。对于成交，我们就应该集中精神，专注于给顾客灌输成交理念，让这件事变成自然而然、轻而易举。因为成交就是工作，它跟其他工作没有本质的区别。

成交是销讲者的基本职业技能和基本生存能力。从好奇到习惯，从习惯到本能，再到职业，我们要把成交融入自己的每一个步伐，每一次呼吸当中去。

四、植入成交的信念

同时，我们更应该在心底植入成交的信念，从早上睁开眼看到光明开始，我们就要为自己植入成交信念，我们可以在心中默念下面这些话：

我的工作就是帮助顾客解决他的问题！

我的使命就是帮助每一位顾客！

让顾客购买就是我最大的责任！

顾客一定需要用我的产品来解决他的问题！

顾客购买一定对他有好处！

让顾客购买才能对顾客有帮助！

让顾客购买就是对顾客好！

销售的目的就是帮助顾客得到他想要的！

我不全力以赴就是我的错！

我相信成交一定对顾客有帮助！

我若今天不成交就是浪费顾客的时间！

我只有帮助顾客购买了才能让顾客享受到我们一流的服务！

我得到服务报酬是因为我提供了优质的产品和一流的服务！

假如我不能成交，我就一定要努力，我一定能成交！

只有成交才能让我和顾客都成为赢家！

顾客口袋里的钱都是我的，我的产品都是顾客的！

成交是所有销售的开始！

收到顾客的钱等于是在帮顾客！

不成交不收钱等于是在害顾客！

我每天都有结果，每个顾客都有结果，我是全世界有史以来最有成交力的人！

我爱你，与你无关！

上面列举的信念并非读一遍就能植入脑海，因为植入一种信念并非一朝一夕就能成功，它是一个漫长的过程，贵在坚持不懈。一名成功的销讲者，会每天坚持在心底默念信念的内容，最终为自己植入成交的信念。

如果遇到挫折和困难，信念也产生动摇的时候，更应该在心中默念信念，要相信自己一定能成功。当成交的信念不断强化，成交的力量必然会不断增强。最终的成交成果，和自身成交信念的强弱是成正比的。

让我们从现在出发，从为自身植入信念开始，抓住眼前的每一刻，努力为自己植入必然成交的信念，不断强化它，在提升自身的同时增加点滴收获。

Part 9 人人销讲的时代已经到来，你准备好了吗

销讲是建立个人品牌、发挥个人影响力的最佳途径，销讲可以影响他人，也可以改变自己。企业的发展壮大要招商引资，所以企业家要学习销讲。产品要推广，销售额要提升，所以销售员要学习销讲。每个人都需要成长，都要把自己推销出去，所以人人都要学习销讲。人人销讲的时代已经到来了，你准备好了吗?

9.1 用销讲影响他人、改变自己

我们每个人都梦想成为影响别人的人，但往往这种愿望并不容易实现。那么有什么好办法可以提升自己的影响力呢？毫无疑问，就是销讲！

生活在现实社会中，人与人之间难免会产生影响，你影响别人的同时，别人也在影响你。要想让自己的影响力更强大，首先自己得先强大起来。当然，也可以利用别人的影响力来强大自己。那么我们希望什么样的人来影响自己呢？毫无疑问，一定是高瞻远瞩、积极乐观和富有学识的人，我们被这样的人影响，自身价值也会得到一定的提升。他们通过自己的演讲，不仅可以影响到我们，甚至可以影响到历史进程。我们可以发现，古今中外只要有影响力的人都是杰出的演讲大师，比如苏格拉底“临终辩词”，丘吉尔对德宣战演说等。

“二战”时期，英国遇到了前所未有的困难局面，面对困境中的英国人，英国政治家丘吉尔在国家危难时刻发表了一篇伟大的演讲，整篇演讲不仅鼓舞了士气，稳定了军心、民心，还鼓舞英国民众在危难面前团结一致、众志成城。这篇演讲影响力非常大，我们来重温其中最鼓舞人心的一段话：

“虽然欧洲的大部分土地和许多著名的古国已经或可能陷入了盖世太保以及所有可憎的纳粹统治机构的魔爪，但我们绝不气馁、绝不言败。我们将战斗到底。我们将在法国作战，我们将在海洋中作战，我们将以越来越大的信心和越来越强的力量在空中作战，我们将不惜一切代价保卫本土，我们将在海滩作战，我们将在敌人的登陆点作战，我们将在田野和街头作战，我们将在山区作战。我们绝不投降。”

这篇演讲虽然不长，但是气势如虹、朗朗上口，对当时的广大英国民众产生了很大的影响。即使今天让我们再次读起它，仍然感到无比震撼。这篇演讲的伟大之处就在于让听到的每个英国人内心都热血沸腾、精神振奋，甚至影响到他们的灵魂深处，让他们的内心都充满了信念和坚定的信仰，从而唤起了每个人战斗到底的决心。

一、抓住销讲的影响力

在各个领域里，无论是伟大的领导人还是杰出的企业家，他们都是技能高超的销讲大师，不仅靠演说影响了大批听众，还提升了自身价值。

提到马云，大家除了知道他是阿里巴巴的创始人外，其实他还是一位特别能说会道的销讲大师。在他创业阶段初期，遇到资金困难的时候，就是凭借他超强的演讲能力征服了投资者。马云通过演讲向对方传递自己的信念和决心，用极具感染力的话语赢得了投资者的信赖。不仅如此，成功后的马云，无论走到哪里都在进行演讲，用自己的演讲影响着更多的人。由此可见，当一个人具备了影响力后，就可以成为群体中的核心人物；当一个企业具备了影响力后，就可以成为行业中的佼佼者；当一个品牌具备了影响力后，它就成为人们心中追求的焦点。所以，抓住销讲的影响力非常重要。

销讲的影响力如此之大，对于很多普通人来说，他们觉得自己默默无闻，要想做出有影响力的销讲实在是太难了，所以他们总认为这都是“大人物”该干的事。其实这种想法很幼稚，在我们的日常生活中，无时无刻不在进行着演说，比如主持活动需要演说；向上级汇报工作需要演说；宣传品牌需要演说等。由此可知，销讲无处不在并已经渗透到我们工作生活的方方面面。

销讲师最大的本领就是通过演说把产品卖出去，实现产品变现价值。产品质量不好，因此导致客户不喜欢，那么情有可原。可如果产品过关，你还是卖不出去，那你就不具备销讲师的本领，需要提高自己的演说能力将产品卖出去。

销讲是每个营销人员必须具备的一项基本技能，如果你总是怕讲或是不会讲，那么就难去影响别人，更不会产生转换率。对于营销人员来说，要注意演讲技巧，自信大胆地表现出来，要让自己的演说具有感染力，能起到迅速影响别人的作用，这样才能提升自己的销讲能力。

二、推销的最高境界是销讲

有专业数据研究表明，擅长公众销讲能力的人，在事业上也是非常成功的。现实情况也确实如此，擅长公众演说的人，具有非常多的有用的能力，比如推销产品比别人更胜一筹，吸引到更多的人关注，募集资金时容易被人信赖，能提升自身价值并获得他人的认可等。

从推销的角度来说，传统的推销就是“一对一”的模式，这种推销方式有效果，但是花费的时间和精力很多，客户量提不上去。但是依靠公众演说就不同了，这是典型的“一对多”的模式，一个人在一群人面前推销，其结果肯定要比“一对一”的效率更高。因为面对一个人推销成功了，客户只有一个；面对一群人推销成功了，客户就是一批。所以，从客户量的角度来看，公众演说的效果显然要好很多。因此，推销的最高境界就是具备高效的公众演说能力。

有很多知名的企业家，在刚开始创业的时候就具备了公众演说的能力，这种能力也推动了企业的发展，比如，在新东方教育集团的创始初期，俞敏洪利用自己的公众演说技能，进行了无数次大大小小的演讲，因为他的精彩演讲，吸引到大批学员的关注和报名，对新东方教育集团能取得今天的成就起到了非常重要的作用。

销讲其实就是利用公众演说进行推销，这种推销方式就像是给产品进行了外包装，让听众受到演讲的影响，从而去接受产品本身。公众演说的推销方式非常高效，能以低成本的投入获取高收益。

资深媒体人罗振宇在《时间的朋友》跨年演讲现场，经过四个小时的精彩演讲，获得了广大观众的好评和喜欢，当他在讲到未来人工智能的时候，提到了一本《未来简史》的书籍，并将此书推荐给现场和观看直播的上千万观众，在不到一天的时间里，这本《未来简史》的预订量就超过了五万册。

罗振宇在推销这本书时就采用了公众演说的方式，相比起传统的图书营销方式，这种方式的效果明显要好很多。通过他的演讲，让现场的一万多名听众在短短几分钟时间里都知道了这本书。不仅如此，各大在线视频和电视机前数以万计的观众也都在短时间内了解了这本书。

罗振宇正是抓住了这一庞大的听众群体，在演讲中适时地推销这本书，并迅速产生了巨大的反响，让《未来简史》一夜爆红并一路畅销。

从以上案例就可以看出，公众演说带来的推销效果有多好。销讲力量的体现就是促成大量的现场成交，在短时间内获得更多的成交率。对于营销人员来说，具备销讲的能力很重要，销讲能力不仅能让我们在销售的道路上一路畅行，还能达到推销的最高境界。

三、销讲可以改变命运

其实人的一生，会因为很多事物来改变命运，而销讲也是其中的一种。虽然有很多人认为销讲跟自己关系并不大，对于公众表达也是一副无所谓的态度，他们体会不到销讲给自己带来的好处，所以并不愿意去提升自己的销讲能力。

本书想告诉大家的是，一个人的销讲能力真的太重要了。在这个竞争激烈的社会里，会说话也是一种技能，有些人总是胆小、怕说话，所以很容易错过一些好机会。也许对于一般人来说，不会说话会有影响，但不足以影响到让自己担忧的地步，然而作为一名销售人员，如果在消费者面前羞于推销产品，那么就真的是掉了“饭碗”。所以，对于销售人员来说，会说话是必须具备的基本能力。

所以，不管是推销产品还是推销自己，都要通过说话的方式，一个不会说或者说不好的人是不会被人认可的。做销售也是一样，会销讲的人能获得更多的机会，不仅能够提升业绩、创造财富，还能实现自己的理想，从而改变自己的命运。

在近几年兴起的直播网红大军中，小邱咪算是做得非常成功的一位，从普通模特到网红主播，再到 2017 年 3 月 4 日在微博直播与微博电商联名举办的“红人直播淘”直播中创下 5 天近千万销售额的佳绩。

小邱咪直播所涉及的内容范围较广，不仅有旅游、美食，还有美妆与服饰。对于此次佳绩，小邱咪说自己其实并没有做太多的演说准备，也没有特意去准备专业的演讲稿，只是在直播时，在面对观众时，用最朴实无华的语言，最饱满的热情，将自己在旅游、美食、美妆、服饰等方面的知识传递给更多有需要的人。也正是靠着自己在直播演说中的感染力，小邱咪成功俘获了一大批忠实粉丝，并在直播界开创了属于自己的商业奇迹。

虽然小邱咪的演说无法与马云、雷军等名人企业家媲美，但不可否认的是她通过直播演说为自己创造了收益，获取了商业上的巨大成功。小邱咪用今天的成功告诉大家：“演讲可以改变运”。

丘吉尔曾说过：“一个人可以面对多少人，就代表这个人的人生成就有多大！”无论是哪个领域的先锋人物，他们都具备超高的销讲能力。

营销人员想要长久立足于营销界，必须具备的一种基本技能就是会销讲，销讲能力不仅能让你提升商品转换率，还能让你成为越来越优秀的营销员，甚至还会促使你有更大的人生发展。

公众演说的魅力就在于通过一对多的形式，一次性说服很多听众，这种形式的传播速度非常快，造成的影响也很大。如果你的演讲能力很优秀，那么在工作上就会得心应手，别人花一个月才能完成的工作任务，你只需要一场精彩演讲就可以轻松搞定。所以，提升自己的销讲能力太重要了。

9.2 销讲，是企业家的绝佳武器

当今社会，会说话的人更适合在竞争激烈的行业中存活下去，如果你口才和人品兼具，那么在社会上找到自己的立足之地会非常容易。特别是企业家，更要具备销讲的才能，不会销讲的企业家很难让企业得到快速发展，特别是自媒体时代，想要突破瓶颈就更难了。因为，企业家要成长，企业要发展，离不开销讲的推动力。

销讲的能量不仅能让企业家带领企业快速蓬勃发展，而且自身也会成为企业的导师和精神领袖，当具备了这样的身份之后，企业家将企业的思想和文化源源不断地传递出去，不仅提高了企业知名度，而且加强了企业员工的凝聚力。

为什么现在鼓励越来越多的创业者或者企业家不断提升自己的销讲能力呢？究其原因，企业要发展就离不开融资、众筹、招商、路演等各种需要，所以创业者和企业家需要运用高超的销讲功底吸引合作商和投资人的青睐，争取到他们的合作和投资。可以毫不夸张地说，一场销讲的好坏直接关系到企业的发展和命运。

中国互联网安全之父、奇虎 360 CEO 周鸿祎就是一个很好的例子。

说到周鸿祎，相信每个人都不陌生，他不仅是中国互联网安全的创始人，也是一位具有极高创新思维的企业家。他的创业之路，几乎充满了各种各样的新奇演说。他的每场演讲都带有很丰富的创新思维，常常依靠一些幽默新奇的语言给观众带来惊喜，他通过“语不惊人死不休”的风趣演讲，赢得了广大听众的喜欢，让他一举成名。

周鸿祎被称为IT界的幽默大师，的确名不虚传。无论他在哪里演讲，都会运用诙谐幽默搞笑的语言来调节现场气氛，迅速让自己在听众中树立亲切的形象，任何平实的语言到了他口中，都会被各种幽默的口吻运用自如。

周鸿祎曾在央视《开讲啦》节目中发表过一段演说，给广大观众留下了很深刻的印象，他的开头是这样说的：“我是周鸿祎。我先简单介绍一下，我们公司叫360。其实本来的意思，我们做网络安全，我们希望给大家提供一个360度全方位的保护。但是，做了安全，我们在行业里就变成行业的公敌。我们老琢磨保护用户，在安全之外做了很多多管闲事的事情，还坚持免费干。同行就认为我们就是最典型的250干110的事。250加110大家算算等于多少，就等于360。”

周鸿祎巧妙运用360等于“250+110”的自嘲方式，将开场时的演讲气氛引燃，然后含蓄地指出“250”是他们免费提供的杀毒软件，目的就是告诉大家360公司为大家做了无私的贡献。虽然在“终身免费使用”这个策略上，周鸿祎承受了同行太多的非议和抨击，但是依然没有影响到他坚持己见的决心，甚至依靠自己的免费软件成为同行里的佼佼者，让他获取了更大的商业利润。众所周知，幽默大师已经成了周鸿祎的代名词，不仅在演讲中他会经常使用，在他的微博里也可以经常看到各种诙谐幽默的语言。

由此可见，销讲已经成为周鸿祎发挥影响力，推广企业、品牌和产品的利器。企业家们应该积极学习销讲，让销讲成为自己的助力，实现企业和个人的成功。

销讲系统带给企业家和创始人们的不仅是事业上的成功与心理上的释放，更多的是借此机会站在演讲台上为自己的产品造势与宣传，并在此过程中获得快乐与幸福。

这便是销讲所带来的种种好处。为什么本书要强调销讲系统能给企业老板带来彻底解放呢？因为销讲系统能真真切切地给企业家带来福音，只要企业家掌握销讲系统，就可以达到以下几个目的：

一、传递经营理念

对于每一个企业家来说，自己的经营理念能够得到员工的认可就是自我解放的最终根源。会销讲的老板能高效地向员工传递企业的经营理念，并将经营理念落实到位，及时杜绝员工违犯经营理念的行为，从而将自己解放出来。

二、提升凝聚力和执行力

销讲能提高团队的凝聚力和执行力。企业家在销讲的过程中，通过开启自身说服系统、有效输出企业规划和梦想，可获得员工团队的高度认可。当企业团队目标一致时，团队的凝聚力和执行力就自然而然地产生了。

三、获得更多资源支持

会销讲的企业家具有推销自己和公司的高超能力，通过销讲，他们能迅速获得合作商及投资商的青睐，并及时让他们对自己产生信任，从而愿意把资金投放到自己公司。反之，不会销讲的企业家即使找到合适的投资人，因为别人无法从你的口中了解到企业的价值，你自然也就无法得到应有的资助。

总之，销讲是每一个企业家的必备技能。通过学习销讲系统，能行之有效地传递企业理念，从而让自己和员工站在统一战线上，为达到共同的目标而坚持不懈。除此之外，销讲不仅传播了自身和企业的价值，通过其影响力还能获得更多合作伙伴的支持和认可。

9.3 销售之前必学销讲

互联网让我们所生活的这个世界成为一个整体，它不仅清除了地域之间的交流障碍，还让虚拟的线上与真实的线下紧密联系在一起。在这样一个一体化的世界里，我们的销售市场扩大了，销售行为也变得无处不在。

因此，无论是线上还是线下，无论是生活中还是工作中，凡是懂销售的人都会通过不断与他人交流潜移默化地成为带动他人的“领头人”。

一、人人都在销售

如今，在国家相关政策的支持下，创业变得简单可行，只要有技术、有资金，人人都可以去创业开公司，这样一来，创业就变得不再稀奇了。反而是那些懂得销售的员工变成了“香饽饽”，成为很多公司竞争的对象。销售的成功带动了产品的流通，不管是虚拟物品还是实物，不管是知识还是情感，都可以成为销售的产品。

就像一位金牌销售所写的《销售无处不在》这本书上所说：“无论你从事什么工作，其实都是在做销售。所以每一个职场人都应该去学点销售知识，即便你不需要去向客户兜售公司的产品，你也总要向上司兜售自己的方案、向下属兜售自己的计划、向同事兜售自己的想法……”

销售早已渗透到人们工作与生活的方方面面，它无处不在。可以说销售不仅仅是属于销售员的工作，也是属于企业高管的工作，甚至有些企业高管比底下的负责销售的员工更懂得销售。

只有懂得销售的高管才能把握员工的心理，让员工按照自己的想法做事，同样的道理，只有懂得销售的员工，才能打动企业的高管和自己的客户，让企业的高管和自己的客户都愿意为自己的劳动成果埋单。这就是销售产生的魅力。

比如“钻石”，就是一个改变世界观念的经典销售案例。

钻石，它的学名叫“金刚石”，是一种深埋地下在高温高压环境中自然生成的矿物质。在本质上，钻石就是一块由碳元素构成的石头，它最开始的价值只是西方婚礼上不可或缺的“道具”，但是钻石却被后期各个时代的销售赋予了各种意义。比如：英国皇室的王冠与权杖上都镶嵌着价值连城的钻石，以此象征权力；镶嵌在婚戒上的钻石，则象征爱情永恒。

所以，凡是懂销售的人，不管他身在何处，处于怎么样的地位，他都能够凭借自己的销售才能打动周围的人，使周围的人心甘情愿为他所销售的产品埋单。

二、销售能改变世界

正是由于销售无处不在，所以每个人都要学会销售。有的人会说自己不从事销售岗位，所处的公司也没有相关的销售业务，那也不能避免销售对个人产生的影响。再说，懂销售的人都会有一种化腐朽为神奇的力量，不但能从中获得自己的利益和企业的利益，甚至还有可能改变他人的观念。

如今，已经不会有人再去追究钻石是否真的有那么多的神奇功能，因为钻石象征权力、永恒的爱情的含义早已深入人心，形成了这样的一种“钻石观念”。当然，钻石本身肯定没有办法给人带来这样的观念，能带来这种观念的是历朝历代的钻石销售人员，他们赋予钻石各种各样浪漫色彩的故事，并且让全世界的人都相信这些故事，其目的只是让钻石更好卖，能卖出更高的价格。所以，懂销售的人会产生强大的影响力，他们甚至能够创造出新的观念，进而改变这个世界。

三、销售前必须学会销讲

从销售诞生到现在，凡是与销售有关的事物，都离不开人与人之间的交流和沟通。毕竟，销售是因人发生且服务于人的一种行为活动。然而，就算一个人天天都进行各式各样的销售活动，也并不能说明他就是最佳销售员。

因为绝大多数人其实并不懂销售的精髓，在他们的观念里，只要是向别人兜售自己的产品就是销售。当然，这种想法也并没有错，只是这种想法已经不入流了。

在如今的互联网时代，传播速度成为决定销售成败的主要因素。能够在网络上迅速传播的也就只有被称为“经典”的话语，也就是说，销讲已经成为比产品更有吸引力、更有信服力的销售方式了。

我有一个学员，叫蒲津舟，他从事财务管理工作二十多年，在2011年的时候，他与几位有能力的朋友合伙创办了成都识力德企业管理咨询有限公司。在经营公司将近七年的时间里，他为很多企业提供财务管理咨询服务，在这个过程中，他发现有太多的企业由于财务出现问题而导致公司破产。因此，他主动为劝说企业负责人规范企业财务管理而费尽心力。

在参加了我的销讲课程之后，我的激情销讲激起了蒲津舟深藏在心中的渴望，他说：“我要通过公众演说的方式让更多的公司和老板知道财务管理的重要性。”于是，他在销讲的课堂上精彩绝伦地讲述了关于财务管理方面的内容，因此结识了不少企业家学员，后来这些人都成为他的忠实客户。

在经过一段时间的学习之后，蒲津舟把销讲充分应用到实际的业务推广当中，从而得到了很多企业负责人的高度认可。蒲津舟深刻地意识到销讲所产生的价值，于是他在日后的公司经营中，一直将销讲作为自己必备的“武器”。

人人销讲的时代，营造了一个人人都可以进行销讲的环境。不管是企业家在演讲台上演说，还是普通销售员对客户兜售产品，或者是通过直播平台这个途径向观看直播的客户做销售，都离不开销讲。

销售员可以采用销讲的方式尽情展示自己的魅力，介绍产品的优势，使客户能够在短时间内被你或你的产品吸引住，继而产生购买的欲望。可惜的是，并不是人人都能做到通过销讲来征服客户，有些销售员在销售过程中只会枯燥乏味地讲解产品功能、产品技术和产品材质等，这样是无法调动客户兴趣的，甚至会使客户产生厌烦的情绪。

所以，销售员不管是面对一个客户销售，还是面对一群客户销售，都应该充满激情地演讲，这样才能让自己真正获取销售上的成功。

9.4 树立销讲的信念

如果你想成为一名出色的销讲者，那就要努力取得听众的支持与信任。因为销讲之路是漫长而孤寂的，你必须在这个过程中坚守自己信念，才能把信念传递给台下每一位听众。

1982 年 12 月 4 日，澳大利亚演讲家尼克·胡哲出生于澳大利亚墨尔本市。一个新生命的降生本应是一个家庭巨大的好消息，可不幸的是，尼克·胡哲生下来就没有双腿和双臂，只有左臀下部带着两根脚趾头的“脚”。尼克·胡哲的母亲看到他的样子后惊声痛哭，连抱他的勇气都没有，而他的父亲看到他的样子后竟反胃呕吐，即便如此，这个家庭并没有放弃这个天生有缺陷的孩子。在成长的过程中，尼克·胡哲的父母给了他很多关爱和自信，希望他可以和正常小朋友那样生活，但到他上了小学，一切都变了……

虽然尼克·胡哲在充满爱的家庭环境中长大，但父母不能总陪伴在他身边，到了读书的年纪，父母就将他送到当地的小学念书，年仅五六岁的尼克·胡哲这才见到了拥有正常身体的孩子，他意识到自己与别人的不同，但那时的他并未觉得有什么。可他的同学们却不这么想，学校里珍贵的学习时光竟然变成了同学欺负他的黑暗岁月，没有了双腿和双臂的尼克·胡哲无法抵抗同学们的欺辱，开始终日沉默寡言。

8 岁时，尼克·胡哲跟母亲表达了轻生的念头。10 岁时，尼克·胡哲将自己沉溺在浴缸企图自杀，但终以失败告终。很多年后尼克·胡哲回忆："我的父母和亲人都很爱我，虽然我天生和别人不同，他们却从未告诉我与别人的不同之处。"经历自杀的尼克万念俱灰，但他的父母一直对他寄予厚望，他们希望他能重新振作起来。在父母的鼓励下，尼克开始自信起来，也交到了不少好朋友。

在 19 岁那年，尼克正式踏上演说之路，他的第一次演说机会是自己主动争取得来的。一开始，学校因为他的身体原因拒绝了他的演说请求，尼克没有放弃，在他第 52 次向学校发出请求时，终于有了 5 分钟演讲的机会。

那是尼克第一次走上讲台，他万分珍惜这得来不易的机会，仅用了 5 分钟的演讲时间就打动了台下所有观众，并获得了 50 美元薪酬。自那时起，尼克正是踏上了演说家的道路，每一场演讲，他都会分享他的人生历程，分享他在生活中遇到的种种艰辛，并传递给观众乐观向上、勇于拼搏的人生观。

尼克曾说："认为自己不够好，这是最大的谎言；认为自己没有价值，这是最大的欺骗。成功不靠条件，只靠信念。"

尼克不仅仅是靠口才征服了观众，更是用实际行动向观众展示了生命顽强的毅力，在他每一次演讲过程中，都会自己倒下，再向观众示范一个失去四肢的人是如何重新站立起来的。站立的过程并不轻松，他要经过多次尝试和努力才能勉强站起，其间有无数双眼睛打量着他没有四肢的躯体，他也丝毫不感到难过。有时观众主动提出帮助他，均被他拒绝了。他说，尽管过程艰难，但他从不害怕失败。尼克就是靠自己的行动感染着台下的观众，使观众被他的这种信念深深折服。

尼克·胡哲凭着在逆境中锻炼出来的口才和过人的胆量，最终成为杰出的励志演说家。口才和胆量是每一个销讲者不可缺少的基本素质，只有真正丢下所谓的“面子”，真正地去享受这个过程，才能不怯场。要想成为一名优秀的销讲者，首先要坚守自己的信念，不怕大声讲话，勇于借助眼神和面部表情来表达自己的情感，试着使用肢体动作来证明自己，促使自己更流畅地与人交流，提升个人气场，从而把自己的信念传递给更多的人。

如果你还缺乏作为一名销讲者的信念，那么你可以试试以下两种办法来帮助自己坚定销讲信念。

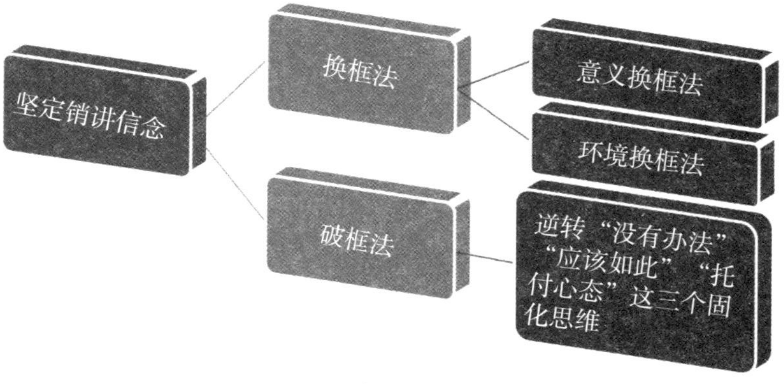

图9-1　坚定销讲信念的方法

一、换框法

换框法即以原有框架为基础，把负能量变成正能量，促使自己的信念更加坚定的方法。换框法主要有两种，即环境换框法和意义换框法。

①意义换框法

意义换框法主要指“从负面经验中找出正面意义”。具有三十多年企业管理及经营经验的“大师”李中莹老师曾写过这样一段话：“世界上所有的事情本身是没有意义的，所有的意义都是人加诸的，同一件事里总有不止一个意义包含在其中。”根据这段话我们可以思考，当销讲者对某些事物开始产生动摇时，不妨换一种思维模式去理解它，找到自己的真正追求的意义所在，才能让我们不被外界的嘈杂声所干扰，帮助我们重拾自信、提升自己。

②环境换框法

环境换框法主要指面对同一个事物时，选择更适合自己的环境，从而改变这个事物的价值，进而改变我们的信念。李中莹老师曾说：“中国传统思想中有很多表面上是绝对正确的说法（其实都是规条），把人们牢牢地束缚着，运用环境换框法，可以打破它们。”从销讲者的立场看，或许有些规条在我们的成长过程中起了作用，但同时却让我们失去了对事物的应变能力，阻隔了我们本应广阔的视野。所以，为了给自己寻求更多的发展机遇，销讲者要掌握好环境换框法，才能不被死气沉沉的规条所束缚。

如果销讲者动摇自己的信念，那么他的情绪也会受到影响而发生改变，同时销讲者自身的影响力也会潜移默化地出现改变。良好的信念能给人带来正面情绪，使人开朗向上，这是获得正能量不可缺少的因素，也是产生积极信念的重要因素。当销讲者朝着积极向上的目标发展时，就一定会感染到周围的人或事物，你的信念将会影响到所有的观众。

二、破框法

每一个人在面临挫折或烦恼时都会出现害怕的情绪，但人们究竟是在害怕什么呢？意志力薄弱的人是很害怕面对挫折和烦恼的。个人建议，如果你的挫折和烦恼已经盖过你的信念时，不妨运用一下“破框法”，逆转“没有办法”“应该如此”“托付心态”这三个固化思维，从而使自己的信念进一步得到突破。

①没有办法

“山穷水尽，没有办法”是很多人回避困难的借口，也是在给自己脆弱的信念找理由。事实上，问题是要由人解决的，主意也是由人定的。这个世界上没有不能解决的问题，只是缺少答案罢了。先前提到的李中莹老师曾经担任过欧美跨国集团和上市公司的高层职位，他遇到困难时说过一句话：“凡事都有三个解决方法，我总有选择。”

②应该如此

世界上没有无所不知的人，也没有人可以预知未来，所以，面对已经发生了的事情，就不要怨天怨地，认为已经发生过的事情都是“应该如此”，每一个人都要学会面对现实，做好迎接变化的准备。

③托付心态

托付心态是过度依赖他人的表现，仔细想想，我们在成长的过程中依赖父母和老师，工作后工作上的问题又总是依赖于同事，但这样过度的依赖容易让我们对自己的信念产生怀疑，甚至丢掉自己的信念。所以我们要学会掌握自己的人生，尽量使自己变得强大起来，才能坚守自己的信念。

作为一个销讲者，要勇于不断去提升自己，而不是故步自封。只有勇敢地打破原有的框架，才能真正突破自己，踏实地一步步走向成功。

9.5 提升销讲影响力的六大核心

销讲者通常要一个人面对几十个，甚至上千个观众，进行商品销售。当然，在这个过程中你难免会遇到质疑的声音，甚至会有人发出抗议。这个时候就需要巧妙地运用说服技能去平抚人心了。那怎么能提高我们的说服技能，又如何能让别人感应到我们的号召呢？只要做好以下六点，就能把演说技巧发挥得炉火纯青。

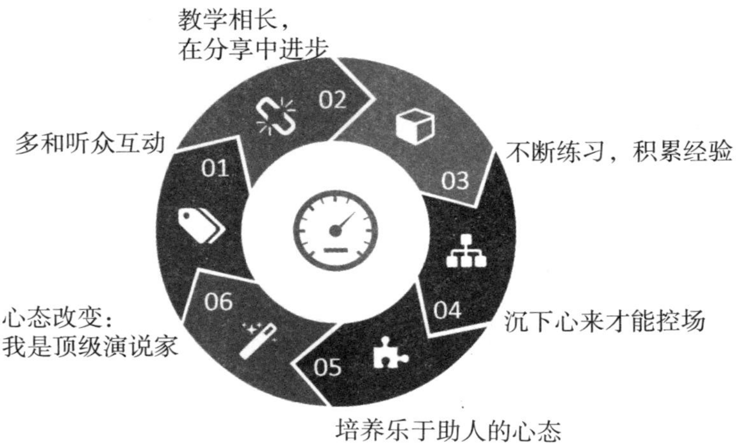

图9-2　提升销讲影响力的六大核心

一、多和听众互动

一个成功的演讲是能和台下观众产生互动的，只有台上台下的气氛热烈友好，这场演讲才能算是圆满的。冷场对于销讲者来说是难以启齿的事情，如果观众在听讲的时候哈欠连天，无法做到专心致志，那你就要找一找让他们集中注意力的方法。因为一个人注意力集中的时间最多只有十几分钟，如果你一直在台上干讲又讲得毫无新意，就会让听众懒散厌倦。那么，我们要如何抓住观众的注意力呢？教你一个办法——多和听众互动。在前面的章节中，已经给大家介绍了许多互动的方法，大家要多加以运用。

销讲者在销讲的过程中一定要重视并学会和听众互动。只有现场气氛活跃，才能让听众集中注意力并投入你的演讲中。

二、教学相长，在分享中进步

销讲者在教别人的过程中自己也会进步神速。销讲者就和老师一样，孜孜不倦地向听众分享自己的经历、学识和经验。平凡的人学知识，有才华的人学习运用思维，领导者学习思想，但思想必须和别人分享才有意义，才有提升。所以作为销讲者，我们都要有这样的心理：把每次的演讲都当作是提升自我的平台，才会有进步的空间。

我们的生命就像是期末考试，要经历不同的考试、学习，才能收获好成绩。在我们的身边，有很多人的优点是值得我们学习的，比如：业余学习考证、户外运动、定期制定计划、看书等有益于自身的事。但最容易实现的是“体验式学习”，即带着实践和分享的心态学习，想学会什么，就去教别人什么。

笔者有一个学员——健身达人李云，他在跟我学习时从来不说自己为什么要学习，只是踏实地去学习每一个知识点，对于未来，他其实是迷茫的。他跟我说，他花了很多宝贵的时间，希望能得到别人的指点，以改变自己的人生轨迹，但总是事与愿违。可世上的事就这么奇妙，在他创立第一个健身会所时，他参加了我的销讲课程，在学习了一天后，他非常激动地对我说：“我今天总算碰到贵人了，你讲的课真的对我帮助非常大。”在后来的学习中他非常认真，进步神速。有一次我去南京参加演讲，他随我一同前往，在那几天他更加理解了“跟随获得经验”的意义，也明白了自己的目标是什么。回来之后，他在健身会所的培训中加入了销讲培训内容，用销讲系统中的提问与成交系统进行实践，有了经验的他也开始了销讲之路。据他回忆，他第一次销讲就获得了十几万元的收入，而且也通过销讲收获了很多门店顾客，大家都非常信任他、支持他。他手下的员工更是受到鼓舞，立志要把健身会所的事业发展得更好。

如今的他还是跟着我到不同的城市参加演讲，因为他懂得：想学会什么，就去教别人什么。只有他学会了，才能教给他自己的学员，他自己也能从实践中迅速成长。

用我老师的话来说就是：你教别人的时候就是你学习最快的时候。这句话我一直铭记在心，想要获得高效的学习，就要学会在教别人的过程中取得进步。

三、不断练习，积累经验

没有天生口才好的人，也没有生下来就有销讲天分的人。就算是著名的演讲大师，也是通过台下不断地练习才走到今天的位置，所以练习是销讲者不可忽视的基本方法，每一个想成为销讲家的人都要做好艰苦练习的准备。要把每一场销讲都当成高考来重视，珍惜每一次上台演讲的机会，只有真实地站在讲台上，你才能真切地感受到销讲的意义，获得宝贵的经验。

四、沉下心来才能控场

作为销讲者，只有把心沉下来，才能把控全场。本人见过很多优秀的销讲者在演讲中出现纰漏，并非他们不够优秀，只是在演讲过程中他们太容易紧张胆怯了，一旦在正式场合出现这种心态，就很容易使人陷入负面情绪当中。不管一个销讲者多么出口成章，只要在演讲过程中心沉不下来，就无法掌控全场，从而造成失败而归的结局。所以，销讲者上台前一定要让自己的心沉下来，可以尝试听听轻音乐或者静坐喝茶来稳定心绪。

五、培养乐于助人的心态

很多销讲者拉不下面子去跟别人销讲，他们认为：把产品卖给别人就像推销一样，很没面子。其实这是非常不成熟的想法。你应该换一种思路：如果你卖的产品确实不错，很多听众也确实需要这个东西，而你就是帮助听众买到东西的媒介，从某种意义上说，你是帮助他们，并非是在谋求自己的利益。相反，如果别人真的想买这个产品，但你放不下面子卖给他，这才是你的不对。积极的心态是销讲者应该有的态度，只有心态摆正了，才会有好的销讲效果。销讲本身就是为人民服务的行业，你在讲台上诚恳地跟听众交流也是一种付出，只要诚心待人，就会获得好的回报。

六、心态改变：我是顶级演说家

不要动不动就去否定自己，如果你没有自信，你就很难成功。相反，如果你有乐观自信的心态，相信自己就是“优秀的演说家”，你就会对自己高标准、严要求，并且时时刻刻都去鞭策自己朝着目标前进，努力去提升自己、超越自己，最后你一定会是真正的顶级演说家。